宇宙の王様

JOSTARジョウスター

青林堂

はじめに

はじめまして、ジョウスターです。

私の専門は、音楽ワークですが、今は、主にユーチューバーとして、都市伝説を解説しています。

シリウス出身のスターシード（星の種）として、地球人の意識への働きかけをするために働いています。これまで、主に銀河連合や、高次の宇宙存在たちの本をプロデュースしてきました。

今回の本では、ついに核心に迫ります。

地球人ジョウスターの視点から、新地球アルスに向けて、私たちが直面している課題について、いろいろ考えてみたいと思います。

この本には、世が世なら、門外不出とされるであろう、秘儀が書かれています。

私たちの意識を、新しい地球の波動に合わせて作り替えるための、聖なる知恵の本と言ってもいいでしょう。

古代エジプト人によって改ざんされる前の真理のエッセンス、本当の地球の神々が語りたかった教えを再現しています。

これだけで、一つの秘教集団ができてしまうくらいの内容です。

実は、これを書いているとき、古代の光側の神官がやってきて、「本物の覚醒を求める人」に伝えてほしいと言われました。

私自身の思いとは違うところもあり、ジョウスターの顕在意識では書けない内容です。

真偽のほどは、読者のみなさんに判断していただくしかありません。

いずれにせよ、この内容を理解できるあなたは、神様に祝福されていることは間違いありません。

地球に「愛と平和」をもたらしたいと願う、全ての仲間たちに捧げます。

ジョウスター

JO

目次

フェーズ1

幻想の仕掛けを見抜け

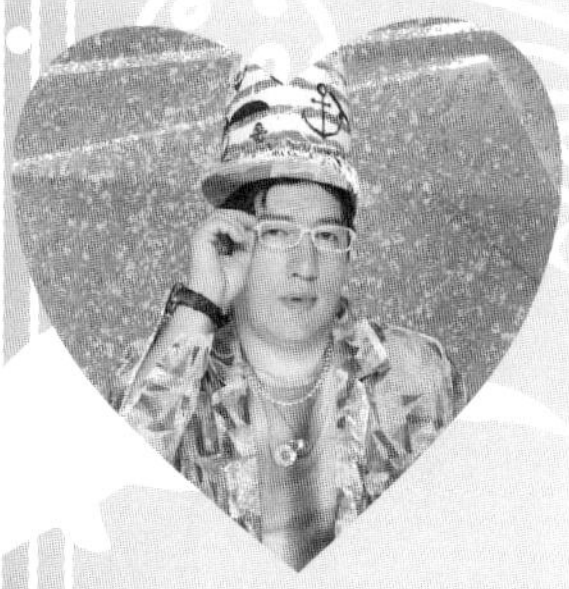

「自由を奪うトラップ」は
都市伝説ではない

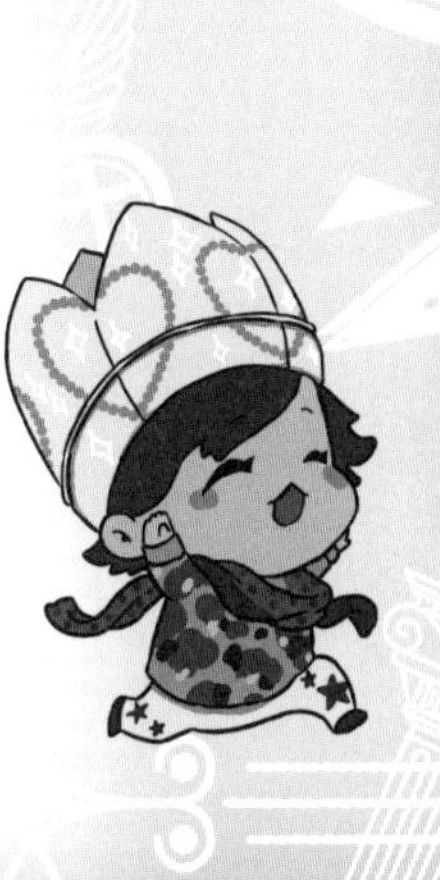

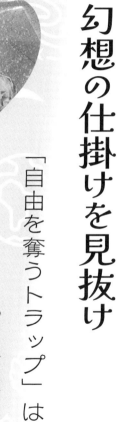

全てはうまくいっている

みなさんは今、地球の3次元という、物理的な世界に生きています。生まれた時からその中にいるので気がつきませんが、なかなか制約が多くて、窮屈な世界です。

この世界は、あと十数年もしないうちに、3次元の物理世界でありながら、愛と光の5次元波動を表現する、新しい地球に変化することになっています。愛、受容、自由が主なキーワードです。

もちろん、何もしないまま、自動的に自由な世界に変わるわけではありません。私たち自身の目覚めが条件です。

でも、地球の惑星意識も、人類の集合意識も、みんな一緒に、霊的に飛躍していこうと、すでに決めています。私たち自身がそう選択したので、必ずそうなります。私たちは、それを生きている間に目撃するでしょう。全てはうまくいっています。

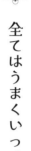

実は、今の地球には、アトランティスやムー、レムリアの時代にアセンションできずに、海に沈んだ体験のある魂たちが、数多く生まれてきています。

それだけでなく、昔、宇宙戦争で大きな失敗を犯した魂たち、気候操作のミスから環境を破壊して、人が住めない星にしてしまった火星の魂たち、核戦争のネガティブ想念で、今は小惑星帯となっていますが、マルデックという惑星を破壊した魂たちも、地球に生まれてきています。

少なくない魂たちが、自分が返さなくてはならないカルマ、果たさなくてはならない無念の思いを抱えて生きているのです。

そういう魂でも、いったん地球に生まれたら、みんな家族であり、仲間です。少なくとも、地球意識は、そう考えています。

今回、地球では、「赦《ゆる》し」が、種としての進化の大きなテーマになります。価値観の違う魂たちが調和して共存するには、戦うのではなく、お互いを深いところから理解して、違いを超えなくてはなりません。

この本では、そういう、人類が抱えている困難な問題を、自分ごととして受け止めることができるようなお話もしていきたいと思っています。

目に見えない世界

目に見えない世界から、この物質次元に影響を与えている存在がいます。

地上界は、目に見える世界が全てではありません。目に見えるのは、3次元の物理世界です。そこに、目に見えない世界、4次元の幽界が重なっています。

闇の地獄界や、阿修羅界などの住人が、お隣さんとして存在し、彼らと思いの波長がつながると、影響を受けてしまう人たちもいます。

目に見えない世界には、もっと高い次元の領域もありますが、それは、空間的な感覚では、地球の上空です。そこには、知らない間に、闇の方向に行きかけていたみなさんを、見守り、救ってくれている高次元の存在がいます。

天使とは、オーロラアースと言われる7次元以上の領域にいる存在で、さらにその上の、地球霊界の最高次元が、9次元領域と言われています。

善なる宇宙存在たちも、みんな仲間です。彼らは、UFOに乗って、地球の大気圏外の宇宙空間にいます。そのことを、胸に留めていただきたいと思います。

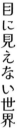

私たち自身の魂の出自として、高い領域からやってきた人もいます。それは、見た目からはわかりません。それに、地上で肉体の中に入ってしまうと、誰でも自分という枠にとらわれるので、元々の天使的な存在と同じ思いには、なかなかなれません。

天界とは波長が違うので、天使や9次元存在と直接対話することは難しいですが、真摯《しんし》な祈りは、必ず天使に聞かれています。

自分の外にいる天使とつながろうとするよりも、自分の内側の、守護霊やハイヤーセルフの声を、心の耳で聞く方が簡単です。それは誰にでもできます。

地球の次元上昇

この20年くらいで、地球の波動は、どんどん上がっています。

地球のアセンションのイベントは、1987年に、世界中の聖地で、当時のニューエイジ系の人たちが集まって世界平和の祈りを捧げた「ハーモニックコンバージェンス」から始まりました。2008年頃には、一定数の意識レベルが、受容性を超える見通しがつき、この時に、今回の地球のアセンションは、ほぼ確定したと言われています。

2012年は、プロジェクトの中間地点でした。このアセンションの流れは、2037年頃まで続くので、今も、地球人の意識は、変化の真っ只中です。

地球には、まだまだ、人間の霊性を曇らせようとする、低い存在からの働きかけがあります。闇のトラップを見抜くこと、低い存在からの影響を受けないように注意して、いつも波動を高くしておくこと。

そして、守護霊やハイヤーセルフとつながって、高次元存在への祈りで支援をもらいながら、意図的に、主体的に、新地球アルスを創造するために、自分ができることをすることが、とても大切です。

誰もが、そのような、霊的な感覚を持ちながら生きると、地球に黄金時代がやってきます。

グレイ

ここから、第一フェーズとして、都市伝説系のスピリチュアルで、霊性（スピリチュアリティ）について語られていることを整理してみたいと思います。

一般のスピリチュアル系で語られていることと何が違うかというと、スピ系では、霊的な身体の話が詳しく出てきますが、都市伝説系では、魂と肉体だけしか出てきません。大まかにいうと、こんな感じです。

①肉体だけでなく魂がある　②魂が人間の核となる　③魂は宇宙から降りてくる　④魂は女性の体の中で胎児に入る　⑤テクノロジーの進化により、機械による出産も可能である。

これが、都市伝説系で語られる、宇宙や魂や人間の根源的な理解なのですが、どこか変だと感じませんか。

実はこれは、グレイというドール型の宇宙人が、実際に生命を維持している方法だということです。都市伝説系でいう宇宙人は、圧倒的にグレイの情報が多いです。これは、戦後間もなくニューメキシコ州のロズウェルに、実際にＵＦＯが墜落して、当時のアメリカ軍がインタビューした情報があります。

グレイというのは、宇宙人のイメージとしてよく知られている、目が大きく、身長が低くて、手足が細く、メタリックな体をしている人種です。

彼らも、我々と同じく、永遠の魂を持っています。知能の高さは、地球人の比ではありません。彼らが物質世界で活動する時に使う肉体は、生命体でありながら、半分機械的な装置のようで、人形のようです。

地球人や、他のほとんどのヒューマノイド型宇宙人は、男性と女性の、愛の結びつきによって生命が誕生しますが、彼らはそうではありません。無性生殖です。

グレイとは、愛ではない方向に進化した宇宙種族なのです。

最近では、地球でも、テクノロジーの発展で、男性が出産することができるようになったそうですが、そういう研究に資金を出す人がいることが驚きです。

「マーキュリープロジェクト」とか「キメラプロジェクト」とか「リリアメルプロジェクト」という、生命遺伝子操作プロジェクトが、都市伝説界隈では有名です。これは要するに「神様をテクノロジーで補完しよう」という考えなのです。

シンギュラリティ

テクノロジーの進化が臨界点を超えた時に起こる変化をシンギュラリティと言いますが、都市伝説界隈では、AIが生身の人間と接続され、脳の思考活動までコントロールされる世の中に向かう、と言われています。

そういう世界を作れたら好都合だと思っている人たちが実際に地球にいて、その人たちに向けたビジネスを開発することに熱中している人もいます。

実は、この遺伝子操作ビジネスも、グレイが宇宙ですでに実現させていることです。そこには生命の神秘への尊敬のかけらもありません。

彼らは、宇宙船を動かすときに、宇宙船とつながった思考によって操作をします。宇宙船自体が、意識を持った生命体であると言った方が正確です。科学が進化すると、そういうところまで行くのです。その前提として、人間の方も、霊的な認識がひらけています。

先日、渋谷である人と待ち合わせをした時、ちょっとした情報の行き違いがありました。ところが、携帯を忘れてしまい、その場で連絡をする方法が全くなくて、結局会えませんでした。携帯がないだけで、何もできなくなることを思い知らされた体験でした。

テクノロジーの進化は、人間の自由を広げるものです。シンギュラリティは、人間の思考と社会のインフラを連動させ、生活を便利にするので、良いことなのかもしれません。

問題は、そのテクノロジーが、支配層の権力を強化するための、コントロールの道具に使われたら、どうなるかということです。

一人の権力者だけが自由を持ち、残りの全ての人には、自由のない社会がやってきます。

自由のない世界

非常に知性の高い、しかし愛のない存在がいたとして、彼らが、メディアを通したイメージ操作により、人々を、「本当の自由」の代わりに「自由の幻想」を望むようにコントロールしたら、どうなるでしょう。

ナチスは、メディアのプロパガンダで、民族浄化という大虐殺を行いました。

ヒトラーは「自分の民族は優れている、あの民族は劣っている」という、根拠のないレッテル貼りをしました。この選民思想、優劣思想は、ひとりドイツだけの問題ではなく、また政治だけの問題でもありません。家庭内不和や、学校でのいじめなど、至る所で起きている問題も、根は同じです。

テクノロジーが問題なのではなくて、霊性が低いこと、権力を持つ人々の心に、愛が流れていないことが問題なのです。

誤解がないようにいうと、およそ権力者に愛がないとは言っていません。むしろ、政治家や経済人の多くは、人々に奉仕したいという思いで活動しているはずです。でも、その中に、自分と他人を切り離して「自分の方が優れている」という思いが少しでも混じっていると、他人の自由を侵害する可能性があるのです。

ヒトラーを作り出したのは、当時のドイツ民族の集合的な意識です。ドイツ国民の全員が共犯者でした。その中には、暴力による恐怖支配に屈して、不作為で協力をした人もいたでしょう。

今、日本の国が悪くなっているなら、その原因を誰かのせいにすべきではなくて、私たち自身の責任だと考える必要があります。誰かのせいにするだけでは、世の中は何も変わりません。一人ひとりにできることが必ずあるはずです。

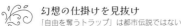

エンリルとエンキ

エンリルとエンキという、シュメール神話に出てくる神の名前を聞いた方もおられるでしょう。都市伝説界隈では、アヌンナキという神々のグループが、鉱石を採掘するための労働力として、類人猿の遺伝子から、人間を創ったという話が有名です。この話については、後ほど衝撃の事実をお伝えしたいと思います。

エンリルとエンキは、アヌンナキのリーダーです。シュメール神話では、エンリルは、地球を汚す人間を、洪水で滅ぼそうとしたのに対し、エンキは、洪水から人間を守ろうとしました。聖書のノアの方舟《はこぶね》の神話のもとがシュメール神話だと言われています。

都市伝説界隈では、シュメール神話とは関係なく、エンリルとエンキという名前が、善悪二元のアーキタイプ、象徴として使われます。

健全な神々の親分がエンリルで、不健全な神々の親分がエンキ、というイメージです。不健全な神々というのは、要するに、人間が発する、悩みや苦しみ、怒りや嫉妬《しっと》などのネガティブな想念エネルギーを食べる存在です。別の言葉で言えば、地獄霊の親玉、悪魔のことです。

地獄に落ちた魂が、神の光の差さない地獄領域で活動を続けるには、「恐れ」や「不安」というネガティブな想念エネルギーが供給され続けなければなりません。

そこで、彼らは、人々の心の暗い部分を増幅させるために、恐れと不安に満ちた社会システムを作って、明るさや喜びのない世界を維持しようとします。

アメリカの東海岸の都市で、日中から薬漬けになって、汚れた街角に、仕事をせず、まるでゾンビのようにフラフラ動いている、ホームレスの人たちの様子を映したユーチューブの動画を見ることができます。

アメリカに見られる社会の病理

アメリカでは、魂とのつながりがない人たちを作る、社会的な構造があるようです。彼らは、果てしない苦しみの中で、絶望というマイナスの想念エネギーを吐きだしています。心がマイナス面にとらわれればとらわれるほど、得をする存在がいるということです。目に見えない世界から、ネガティブな存在が、政治家の一部に働きかけていることは間違いないでしょう。

このような光景は、アメリカのリベラル（左翼、民主党）の市長がいる都市で多く見られます。リベラルは無神論で、物質の肉体寄りの世界を生きています。

トランプ支持のＭＡＧＡ（「マガ」と読みます。「Make America Great Again」の略で、グローバリズムに反対して、それぞれの国民の幸せを第一に考えようという主張です）など保守派の人たちは、愛の教えである、キリスト教の、伝統的な価値観を大切にしています。肉体よりも魂寄りの世界を生きています。魂は、愛のエネルギーであり、初めから5次元の存在です。彼らは、自分の中に、５次元の部分を見つけている人たちです。

信仰心のある人は、スピリット（神とキリストから愛として出る聖霊）という、霊的な存在への祈りを大切にしています。

無神論者は、霊的なものを認めません。世界も自分も、物質以上のものではありません。生命の源は、知り得ないもの(不可知)です。それが科学的な態度だというのですが、実際は、物質科学への信仰です。リベラル派の人がいう科学の正しさは、初めに結論ありきの政治的なバイアスがかかっていることがあり、必ずしも科学的な正しさとは言えません。

エンリルとエンキが象徴する、霊的な二極対立が、アメリカでの保守とリベラルの対立の裏にあるわけです。

マスコミと製薬業界

今のアメリカには、まだ3次元の人が多いのです。彼らは、目に見えるものしか見ようとしないし、物理的なやり方で確認できるものしか信じません。理性や合理性を超えたものを受け入れようとはしません。

テレビやマスコミは、情報を売るために記事を書きます。その記事は、人々の不安や危機感を煽る、センセーショナルな情報に偏ります。

そのせいで、マスコミの人たち自身も、人生は、自分自身ではどうにもならない、何か大きな力に翻弄されていると感じています。

精神は、知性や理性で問題の原因を分析しますが、過去の問題を分析すればするほど「問題は実在する」という信念を強化します。この主観的な信念が、哲学的にいうと、実存的な現実を創り出します。

心の中が、3次元の狭い視野の雑多な情報で埋まっていると、「心が病気を作っている」という、因果関係がわからなくなります。そもそも、薬物中毒で、心を感じられなくなっている人もいます。ゾンビ化した人たちは、そこまで病んでしまったのです。

「肉体は機械である」という信念を持った人は、「薬に身体の不調を修復する力がある」と考えます。この思い込みは、製薬会社に好都合です。

本当は、ストレスなどのメンタルな問題から身体に不調をきたしたのに、そこには注意を向けさせないようにして、薬をたくさん売ることを目的として、危機感を煽《あお》るさまざまなイメージを使って、広告宣伝をしています。

5次元の人は、人間を癒すのは、元々人間に備わった自己治癒力であって、薬ではないことが直感的にわかるので、製薬会社の隠れた動機を見抜きます。

マトリックス世界

3次元世界は、マトリックス世界だと言われることがあります。マトリックスには、後ほど触れますが、それは、世界が実際にそうなっているわけではなくて、私たちが、世界を認識するときに、精神や思考を使っているから、虚像のイメージに騙《だま》されて、自分で自分を縛ってしまうということです。

だから、見ている(見せられている)ものを、無自覚に「真実だ」と思い込むのではなくて、情報や、認知や、思考自体を、注意して観察する必要があります。精神や思考は、思考のトラップを見抜いて、マトリックス世界から抜け出すためにこそ使うべきなのです。

5次元の人は、3次元のマトリックス世界を超えた世界を生きています。

愛である「魂」とつながっているので、魂の希望や願望を直感で受け取って、自分ができることを通して、愛を具現化しようとします。自分の周波数や波動の影響を周囲に及ぼし、現実を創造していきます。

5次元とは、神につながることで得られる、本当の自由を行使して、自分自身の愛の個性を、主体的に表現する世界です。

3次元の人は、誰かが作った虚像の中を、精神のレベルで、自動思考で反射的に生きています。

5次元の人は、自分の思考の結果として起きてくることに、自覚的に気づいて、事前にネガティブの芽を摘むことができます。5次元の人が世界線を自分で創れるというのは、そういうことです。

反射的に生きている人は、誰もが、同じような体験につながる、同じような原因を選択し、同じような結果を繰り返し刈り取ります。

例えば、コロナのワクチンを打った人は、打たなかった人よりも、免疫力が弱くなり、病気にかかりやすくなります。それは、「誰かが創った幻想の世界の中で、反射的に行動した」からです。体調を崩したとしても、それは「原因と結果」という法則によって、自分の選択の結果を刈り取っているだけです。

宇宙には「波長同通」という法則があります。高い波動で生きている人は、高い波動の情報を引き寄せますので、何の努力もしなくても、違う世界線に移動していきます。つまり、マトリックスから抜け出すことができるのです。

多次元パラレル世界を生きる

もう一度繰り返しますが、精神主体で、3次元に生きている人は、みんなが同じ体験をします。それは、誰かが作った一つの世界線の中に閉じ込められているからです。

5次元の意識を生きている人は、それぞれの魂（愛）が主導して、独自の体験を創造します。意識の波動が変われば、無限の体験の可能性があるので、「多次元パラレルキングダム」を生きることになります。3次元を生きる人は、二元的な悩みの中で、精神が選択をするので、いい方向に行く人と、良くない方向に行く人が分かれます。5次元を生きる人は、二極性を超えるので、悩みは無用になります。魂が人生を導くので、必ずいい方向に向かうという確信があります。「全てはうまくいっている」ということです。

5次元を生きる人は、ポジティブに、楽しく生きる人です。楽しみながら生きれば、いつでも若々しくキレイでいられます。どうやってその楽しみや法則を見つけていくのか、スピリチュアルで伝統的に語られていることなども含めて、この本でわかりやすく説明していきたいと思います。

はい、ここまでが、第一フェーズです。

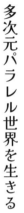

王の言葉①

物質世界は
幻想と心得よ

フェーズ2

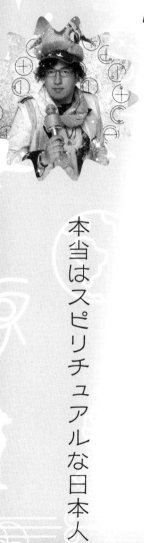

言霊で現実を創造せよ

本当はスピリチュアルな日本人

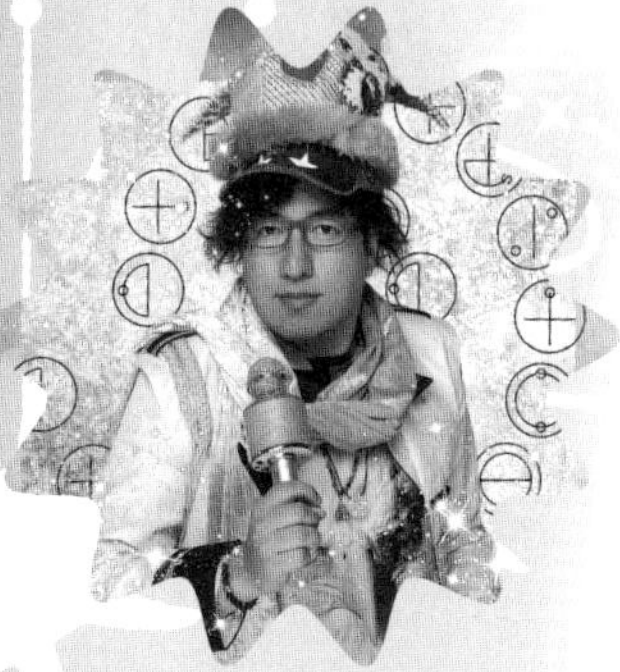

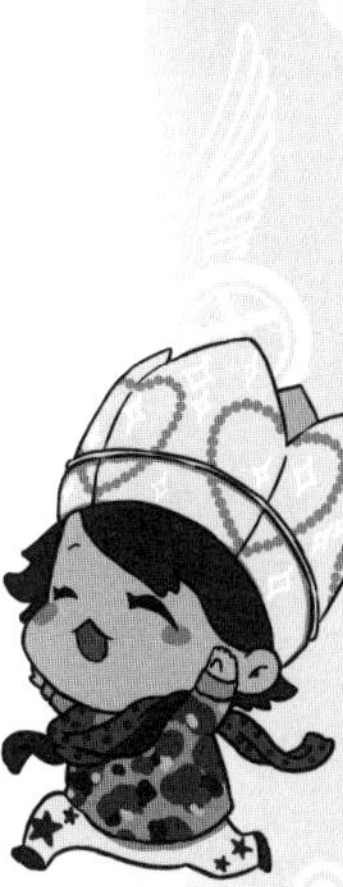

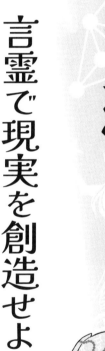

宇宙の言葉

第二フェーズでは、宇宙の言葉と、日本に伝わる言霊《ことだま》についての話をします。

「宇宙の言葉」というのは、宇宙自身が発する言葉のことです。

宇宙自身が、言葉を発すると、その言葉の響きが持つ創化力によって、宇宙の体である、3次元空間の中に、物や出来事が実体化してきます。

「宇宙自身が」と言いましたが、宇宙と人間は、別ものではなく一体なので、人間が発する言葉は、そのまま宇宙自身の言葉と見なされ、何の検討も修正も経ずに、現実化します。

つまり、宇宙は、人間に、世界を創造する完全な力を与えています。

人間の体験を「共同創造」することが、宇宙から人間への愛なのです。私たちは、このことに気がついていません。

新約聖書のヨハネの福音書には、神は言葉で世界を創造したと書かれています。神は、私たちが発する言葉を通して、今に至るも、世界の創造を続けています。

私たちが言葉を発する時、言葉の音の中に、自然に思念が宿ります。

日本語は、世界の他の言語と比べると、特殊な構造になっていて、必ず、1音1音に、母音が含まれます。

宇宙意識のことをAUM（オウム）と言いますが、オームという音が、私たちがいる宇宙には鳴り響いているそうです。この宇宙を表すAUMが母音として含まれているために、日本語を話すとき、私たちは宇宙の源と直接につながることになります。

日本語の音は、48音あります。一つひとつの音は、波動の中に、それぞれ本質的な意味を含んでいるので、日本語は、音として発するだけで、その音の中に含まれている音霊《おとだま》が働き、その意味を具現化します。

言葉の本質的な意味内容が、波動を通して、宇宙にある無数の神の資源と共鳴するからでしょう。宇宙の中にあるものは、全てが実在する愛なので、日本語で良い言葉を唱えるだけで、それが現実を創造するツールになるということです。

日本語を使うということ

日本語の48文字と古代の象形文字に関係があることを初めて公表したのは『静電三法』で有名な楢崎皐月《ならさきこうげつ》さんです。カタカムナの図象符の音と形を解釈し、古代の科学的な宇宙論を展開しました。カタカムナの48音の波動に込められた思念の意味を体系化し、啓蒙されているのは吉野信子さんです。

日本語の48音が持つ、言霊の創造力を強調して、ヨハネ音と言われたりします。

日本は、「言霊の幸《さきわ》う国」と言われます。

言霊自体が、国を繁栄させるような仕組みを内在しているので、日本人は、本当に神に祝福された民族です。

神道には「教え」がないと言われますが、日本人が使う日本語自体が、いわば御神体のようなものです。

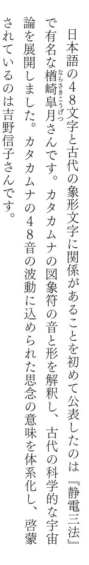

神そのものを体現する言葉である、日本語を使う日本人全員が、古代エジプトの神官のようなものです。

もし私たちが、天皇陛下がそうされているように、無心に「人々のために尽くそう」と考えて、祈りの言葉を、意図的に使いながら、毎日を生きていくならば、誰もが八百万の神々となることでしょう。

日本語の言霊を使えば、神職《しんしょく》でなくても、誰でも宇宙の神官になれるということです。

言霊を使って、ハイヤーセルフと世界を共同創造する方法については、第八フェーズで取り上げたいと思います。

言霊で創造する

言霊を使うために、大事なことが、「思いの穢《けが》れを払うこと」です。

まず、日本語の創造メカニズムを考えてみましょう。

言霊で創造するには、まず、自分が「宇宙自身」と一つになることから始めます。

「宇宙自身」になるとは、言い換えると、自分の内側からくる、聖なるうずきを、正直に受け止めるということです。

執着や欲望などの、自我の思いではなくて、無心でいるときに降りてくるインスピレーションが、宇宙自身の、創造の種です。

自我の思いを手放すために、宗教ではいろいろな戒律《かいりつ》があるのですが、日本では、戒律の代わりに「自然と一つになる」ことを大事にしてきました。

砂漠のような、自然が厳しく物が少ない環境では、自分を律する戒律がないと、人々が互いに思いやって、愛を表現して生きることが難しかったのかもしれません。

ところが、日本には豊かな自然がありました。自然の持つ波動は、そのまま、万物を生かす、地球の愛の波動です。

自然の恵みに感謝することで、自然も人間も一緒に、愛の波動の中で、助け合って生活することができました。

惟神《かんながら》の道

自分をなくして、宇宙の思いと同調するには、日本人なら、自然と一体化して、自分を丸ごと地球の一部にしてしまうことが手っ取り早いのです。

例えば、次のような簡単なエクササイズをすればいいでしょう。

①笑顔で喜び、自分を愛する
②身体で呼吸する
③意識に光を入れる
④精神のフィルターを外す
⑤自然と対話する
⑥地球に感謝する

まず笑顔から始めます。嬉しい、楽しい、という、ウキウキした喜びの心境を保つことが始まりです。物事の良い面、他人の良い面、自分の良い面だけを見て、いつも自分を労《ねぎら》って、自分に優しい愛の言葉をかけてあげることにしましょう。小難しい宗教の教えは捨てましょう。

笑顔を保ちながら、深呼吸をします。空気中に、直径5ミリくらいの、光の粒がたくさん浮かんでいるイメージをします。呼吸をして、光のエネルギーを吸い込みます。

光のエネルギーは、特に、頭頂、背骨、会陰《えいん》から入ってきます。頭頂からの光は、背骨を通って、意識をクリーニングして、パイプの詰まりを取ってくれます。

霊体をクリーニングしたら、起きてくる出来事に対して、思考がフィルターをかけて判断していないかを内省します。出来事を判断する思考を発見したら、取り除きます。思考の縛りから抜け出て、いつも「今ここ」にいるためです。

そして、自然の中に入って、植物や、花々や、虫や、鳥や動物たちに思いを向け、彼らの生き方に積極的に興味関心を持ち、テレパシーで声をかけましょう。彼らは、人間から向けられた思いを受け取って感じています。

地球に感謝する

樹木も花も、いわばみんな「姿を変えた神」です。あなたを生かそうとする神の思いの表現です。あなたのためにそこに咲いているのです。人間もそのように、誰かの幸せのために、無欲に、無心に、自分の役割を果たしなさい、と教えています。

最後に、地球が自然を通して与えてくれる、小さな喜びを発見して、地球の愛に感謝します。その感謝を、再び自分の笑顔に、笑顔を他者への優しい行動に変えていきましょう。

そしてまた、呼吸→光→フィルター外し→自然との対話→地球への感謝→笑顔という、ポジティブなエネルギーの循環を作っていきます。その中で、プラスのエネルギーが、自分から宇宙に送り出されていきます。

スピリチュアルでは、霊的なことだけではなくて、グラウンディングも大事だと言われます。具体的には、このようにして、地球の愛のエネルギーを感じて、自然の一部である自分を意識すれば、グラウンディングはできています。

こういうことが、言霊の幸う国で、日本人が自分をなくして、宇宙と一つになる道、惟《かん》神《なが》の道の本質だと、私ジョウスターは考えています。

これが、新しい地球を創るためのウォーミングアップです。

これで、当たり前の日常の生活の中で、宇宙とつながって、ありのままを生きる神としての、確固たる土台を用意できました。

神は全ての人のために与える

ここから創造のプロセスを説明します。

初めに、自分の内側に、やむにやまれぬ、愛の行為への衝動が起こります。

自分の個性を使って、どのように人々のお役に立ちたいのかを一生懸命に考えましょう。

あなたは、「神の願望」を自分の中に見つけたのですから。

そのために、自分に何が必要かを考えて、神様に「与えてください」とお願いします。

誰かが、神様に「なになにを下さい」とお願いした時、神様は必ずその願いを聞き届けています。

お願いした人をAさんとします。

神様は、その「なになに」をAさんに直接与えることもありますが、多くの場合は、別の人に与えます。

与えられた人をBさんとします。

Bさんは、その物やサービスを、無から創り出す才能があり、努力もしているので、それを創ることができます。

神様は、その「なになに」を、Bさんに、「全ての人のために」与えます。Bさんに与えられたのは、Bさんが独り占めするためではなく、Bさんを通して、全ての人が恩恵を受けるためです。

Bさんは、Aさんが神様にお願いして、神様がAさんに与えようとしたものを、神様に代わって、地上でAさんにデリバリーする担当者に過ぎません。

Bさんが、今その「なになに」を手に入れたのも、全て神様から与えられたからなのですが、神様を信じているBさんは、そのことをよく理解しています。神様は、全ての人のために与えていること、そして、もし、神様から離れたら、自分はどのような力も発揮できないし、生きられないことを知っています。

みんながこのように考えると、AさんもBさんも、愛と感謝の循環の中で、自分の持ち場で、神様の摂理によって与えられた役割をしっかり果たそうと思いますし、仕事に喜びを感じ、創造を楽しむことができるようになります。

魂の思考と精神の思考

魂のレベルでは、言葉は「希望」という形で降りてきます。

希望というのは、「望む現実が叶うかもしれない」という展望のことです。

まず「願望」という魂のうずきがあって、「希望」という未来の展望があって、「なにながほしい」「こうなりたい」「こういう体験がしたい」という思いが出てきます。

願望や希望は、漠然とした直感であって、言葉以前の感覚です。漠然とした感覚をはっきり言語化すると、祈りになります。神様の前で、自分の正直な願望を言葉にすることが祈りです。真剣に、全身全霊で、感情を込めて言葉を発したときに、言霊の働きで、潜在意識の中に、理念が埋め込まれ、宇宙の創造原理が働き始めます。

宇宙は、シンクロニシティなど、さまざまなシグナルで、メッセージを送ってきます。起きてくることを注意深く観察し、宇宙からの意思表示を、心の目と耳で聞いて、その時なすべきことをしていれば、おのずと成功へのシナリオが動き始めます。

いろいろと語ってきましたが、要するに、日本人には、宇宙とつながって、共同創造するための、宇宙的な言葉や、マインドセットが、初めから整っているということです。

西洋の一神教の文化の人々は、頭でっかちです。ユダヤ教、キリスト教、イスラム教が生まれた中東の砂漠地帯には、自然がありません。とても厳しい世界です。豊かな自然に恵まれた日本人とは持って生まれた感性が違います。

私たち日本人が当たり前の感覚として持っている、素朴さや自然とのつながりの大切さに、彼らもようやく気づき始めたところです。

それはとにかく、私たちは、自分たちに与えられた資質を、もっと大切にした方がいいでしょう。

現代の資本主義、唯物主義の社会の下では、人々はまだまだこうした「ありのまま」の生き方に価値を置くまでに至っていません。

人々は「何者か」になろうとして、必死に「今までと違う」「より良い何か」を探し求め、お金儲けの活動を通して、ひたすら「付加価値の創造」や「効率化」といった、人為的な活動にエネルギーを注ぎます。

「魂」がなく、「精神」だけが働いているのが、3次元の意識です。それが悪いわけではありませんが、神とつながれば、愛のエネルギーが流れてきます。そこが改善されれば、全てが自然に整ってきます。

政府や大企業を管理するための官僚制が、情報システムの進化と共に、知らないうちに生活の隅々にまで行き渡り、その中で、個人の自由な活動がとてもしにくくなっています。人々を幸せにするアイデアは、自由な個人の中からしか出てこないのですが。

遺伝子の改変

なぜこれほど都市伝説に共感する人が多いのでしょうか。

自由な心を押しつぶそうとする外界の圧力に負けてなるものかという、やむにやまれぬ思いがそうさせているのかもしれません。

例えば、遺伝子の解放に関して、過去に地球で光と闇の宇宙人の戦いがあったという人がいます。

地球人の遺伝子は、一つの細胞の中に、22対の染色体と、1対の性染色体の23個があります。性染色体にはXとYの2種類があり、女性の場合はX染色体が2本、男性はX染色体とY染色体が1本ずつというように、男女によって異なっています。

ある説によれば、元々は24対あったものが、1対減らされました。地球外の存在が、コントロールを目的として、人類の遺伝子コードを操作したというストーリーです。

人類を支配しようとする地球外存在と、自由をもたらそうとする地球外存在が、当事者である人間の全く知らないところで、勢力争いを、局所的な宇宙戦争をしていました。それが、ごく最近、決着がついて、コントロール側が敗れたという物語です。

その真偽の程はわかりません。「自分たちを救ってくれる宇宙存在がいてくれたら」どれほど心が休まるか、という願望かもしれません。

ちなみに、染色体については、レムリア文明の末期に一足先にアセンションした、別次元にいる「レムリア人」からのチャネリング情報で、興味深いことが語られています。

レムリア時代には、染色体は36本あり、レムリア人と人類は、その全てが活性化していました。レムリア時代に、何千年もかけて意識を低下させていく中で24本の染色体は衰退し、12本のみが残りました。レムリア大陸とアトランティス大陸の水没に伴って、地球外の存在が、コントロールのために人類の遺伝子コードを操作し、さらに10本が活動を停止しました。

その時までに、人類の意識は、相当低いレベルに落ちていたのですが、この遺伝子改変は、地球を管理する神々の承認の元に行われました。

今では、わずか2本の染色体のみが稼働しているに過ぎないそうです。

レムリア文明とアトランティス文明が崩壊したのは、当時の人類が持っていた霊能力を、闘争と破壊のために使ってしまい、ネガティブな想念エネルギーの反作用で、天変地異が起こってしまったからで、そのような霊能力を封印するために遺伝子の改変が行われたということらしいのです。

そのために、現代人は、超能力を使わずに、自由意志と理性的な思考で創造行為をするというやり方を続けてきたのでしょう。それが逆に魂の学びになっているそうです。

宗教の欠陥

宇宙の高次元存在たちが伝えるところでは、多くの地球人は、霊的な潜在力を一時的に遮断されており、5～10パーセントしか働いていない状態だそうです。

私たちが、自分自身を「無条件の愛」と「高次の意識の波動」に開くようにすると、次第に、かつての機能が全て復活してくるということです。

私たちが、かつての意識の自由を失ってしまった理由の一つは、一部の宗教の教えが、元々の内容から曲げられている、あるいは時代の変化についていけないのに、それに気がつかずに、それを拠《よ》り所にして社会の仕組みを作っていることが考えられます。

日本の神道には、幸い、教えがなかったので、日本人は、無欲で、ひたすら他者のために役に立つ生き方をするような人を、高く評価する文化を持ち続けています。

一神教を信じる世界では、目の前にいる人のことよりも、神を大切にしたり、お金のために人を傷つける人を評価するような、おかしなことが起きています。もちろんそれは、教えを誤解した一部の方がしていることで、大多数の方は、敬虔《けいけん》な信仰者であることは言うまでもありません。

地球の信仰のスタイルには、強制の要素があります。宇宙には、宗教に相当するものはありますが、現在のキリスト教やイスラム教やユダヤ教などのように、大昔に作られた聖典を守ることを信者に強制する習慣はありません。

誰かに思想を強要することは、とても野蛮なことだと思われています。それは、誰の中にも神と同じ無限の可能性があって、神は愛であり自由なので、各自の個性を表現することが一番大事なことだとされているからです。

プロテスタント

都市伝説、オカルト界隈では、プロテスタントの語源は「プロテクション」であると言われています。

カトリック教会が、かつて「免罪符」という、信者向けのカルトまがいの商売を始めたことを批判して、ルターが聖書をドイツ語に翻訳して、「信仰の自由」を守るためにプロテスタントという新しいキリスト教会を作りました。

それは表向きの説明であり、真意はどこにあったかというと、当時のカトリックの中には、伝統的な霊的な修行や儀式があり、実は、その儀式は、そこから五千年前の古代エジプトの神官の悪魔的な儀式が形を変えて続いていたものだというのです。

カルトまがいの商売を始めた裏には、教会の上層部が、闇の存在に乗っ取られていた可能性があるわけです。アトランティス文明を崩壊させた原因を作ったのも、政治的な権力を持った神官でした。

ルターがプロテスタントという新たな信仰の形を作ったのは、教会からオカルト的な部分を排して、ルターの考える正しい霊性をもとにデザインし直すことを試みたからだといいます。つまり、信者を（サタンの）霊的な悪影響から守る、プロテクトをかけるという意味で、プロテスタントと名乗ったのだということです。

キリスト教だけでなく、他の宗教でも、同じように、途中から教えが曲げられた可能性があります。先ほど述べたように、スピリチュアルでは「波長同通」が宇宙の法則の一つとしてあると言われます。これは、目に見えない波動の法則です。

人間が低レベルの思い、例えば、「他人をコントロールしたい」という思いを強く持つと、その思いは電波のように宇宙に放射され、霊的な世界にいる、同じ周波数を持つ存在と同調し、自分に引きつけます。

聖職者であってもなくても、思いを間違えると、途中から、別の目的が入り込んで、高級霊ではなくて、低級霊からのインスピレーションを、自分の考えだと思うようになります。

都市伝説、オカルト界隈では、よく紐解くと、旧約聖書や新約聖書にも、その中に似非《えせ》スピリチュアルや、占星術の世界と思われるような箇所が多数あると言われています。アシュケナージ・ユダヤ人（偽ユダヤ人）は、旧約聖書ではなくタルムードを民族の聖典として、ユダヤ民族以外を「ゴイム」と呼び、奴隷として支配するための知恵を代々伝えているということですが、そうであればもはや宗教とは言えないでしょう。

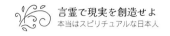

おいしい水の味

反社会的な親や環境のもとで育ったために、物心つく頃までに、人間の本来の在り方を忘れてしまう人もいます。でも心の深いところでは、こんなはずではない、人間も、世界も、これでいいはずがないと思っています。そこで、ある人は、宗教やスピリチュアルの世界に入っていくのですが、そこの世界もすでに汚染されています。

元々、人間の正しい在り方を知らずに生きてきたので、本来の人間性とは逆の教えであっても、その修行の先には、何か違う世界が待っていると思って、一生懸命、見当違いの努力を続けることになります。

まずい水しか飲んだことがない人には、本当の水の味はわかりません。おいしい水を飲んで初めて、水とはこういう味だとわかるのです。

例えていうと、あなたの住まいの近くに、おいしい水が湧き出る、自然の泉がたくさんあるのですが、なぜか、「水飲み場」と書かれた場所でしかあなたは飲もうとしません。そこからは、泥まじりのまずい水しか出てきません。水はそこでしか飲めないと教えられてきたので、あなたは他の場所に行こうとしません。

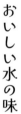

「まずい水しか出ない水飲み場」とは、信者をコントロールしようとする不純な思いが混じった宗教が伝える教えです。「おいしい水の出る泉」とは、「内在する神である、愛のエネルギーを表現して生きること」です。「おいしい水」のありかを教えてくれるのが、本来の宗教です。その宗教には、余計《よけい》な教義はありません。

古代の痕跡

都市伝説、オカルト界隈では、古代文明の存在にまつわる話があります。

神話や伝説は、過去の知的生命体の活動の象徴的な表現で、進んだ文明が太古に存在したことが示されています。

古代シュメールの粘土板の記録には、太陽系の配列や、遺伝子実験のことも書かれています。シュメールに文明を持ち込んだ宇宙人は、当時のシュメール人からすれば、天空から現れた神に見えたので、神話の神に祭り上げられることになりました。

何億年もの過去に、現在のサハラ砂漠のあたりで、核爆発によって文明が破壊された痕跡があります。地球に人類ができる前に、地球を戦場とした戦いが行われていた可能性があります。

インドの宗教書、マハーバーラタでは、地球に大破壊をもたらした、天空における長期間の戦いに触れられています。過去に核戦争が行われたことを示唆している可能性があります。

何百万年、何十億年に遡《さかのぼ》る手付かずの岩層から、オーパーツと呼ばれる精巧な人工物や、異常な頭蓋骨が、何世紀にもわたって発掘されています。

南アフリカの鉱区で発見された何百もの球体のいくつかは極めて固く、鋼鉄でも傷をつけられなかったそうです。これが発見された地層は、28～30億年前の、先カンブリア時代のものです。

このように、古代より、地球を訪れていた地球外の存在があるのですが、これらのことを、科学者が学術的に取り上げることはありません。もし取り上げれば、その人の学者生命が終わるからです。

地球外の存在がいるという事実が受け入れられれば、人類の一部が昔から彼らと関わってきたことや、彼らが恐怖を使った支配を行っていることも、事実として受け入れられるようになるでしょう。

地球人が、マスメディアを通した恐れの情報に操作され、縛られていることに気がつけば、自分で考えるようになり、彼らの支配から独立します。彼らはそれを嫌っています。

Qアノン

アメリカのトランプ大統領にまつわる都市伝説として「虎の巻物」という話があります。トランプはトラだから「虎」の巻物というわけではなく、ヘブライ語のトーラー（巻物）からきているのでしょう。

トランプ大統領をQアノニマス（アノン）というグループが支援しており、そのブレーンに、シリウスやプレアデス、リラ、アルクトゥルスをはじめとするポジティブな銀河連合の宇宙人グループがいる、他方のDS（ディープステート、深層政府）側は、やはりネガティブな宇宙人グループとつながっている、ということになっています。

私自身も含めて、スピリチュアル好きの人たちは、Qからとされる情報を心待ちにして、日々一喜一憂しています。彼らが発信する関連情報の多くはフェイクである可能性があります。

トランプ大統領が救世主であり、彼を支援するポジティブな宇宙人グループが、地球レベルをはるかに超える科学テクノロジーで人々を救うというのは、一種の救世主待望神話です。このストーリーをSNSで実況中継風に共有する人々が、流れてくるAIフェイク映像を拡散しています。

彼らがトランプの熱烈な支援者であることは間違いありません。

しかし、これは情報戦であり、精神戦が行われていることに気がつかなくてはならないでしょう。

Qアノンが流す情報を主体的に分析しながら、自分自身は3次元で地に足のついた生活をしつつ、スピリチュアルなライトワークの仕事をしている人もいます。一方、自分の現状に不満を持ちつつ、ただ世の中が変わることを期待して、実人生を変える行動は何もしないで過ごす人もいます。

Qアノニマスは、JFKジュニアである可能性があります。また、ネガティブなQは、Qジェンダード（Qプラス遺伝子＝改造人間）ではないかと考える人もいます。

注意すべきは、ポジティブなQ側は、ネガティブなDS側と対立しているので、両方とも、スピリチュアル的には「分離意識」の中にいる可能性があるということです。（「分離意識」

について は、次の章で説明します)

Qアノンは、2020年のアメリカ大統領選で、不正選挙をしたDS側を、軍事力で押さえつけることを主張しました。これは「支配」の論理です。賢明にも、トランプはその誘いに乗りませんでした。

Qアノンは、ポジティブではあるけれども、まだ分離意識のレベルである可能性を示す実例の一つです。

私の考えでは、トランプは、地球に統合意識を作るための大きな計画の駒の一つです。統合ということは、戦うのではなく赦すということです。赦すというのは、価値観の違う相手を理解しようとすること。トランプは、いくら相手が不正をしたことを見抜いていても、間違ったやり方をする相手の「存在」を否定することはせず、自らは不正をせずに相手の土俵で相撲を取ろうとしています。相手の自由は認めた上で、自分はコントロールをしないで勝つ姿を、私たちに見せようとしているのでしょう。

スピリチュアル系で、トランプを応援する人は、彼が今やっていることの本質を、スピリチュアルな観点から見抜いています。もちろん彼はすでに5次元にいます。

一人ひとりが神であることに目覚めて、自分の人生を自分で創造する力を回復することが、トランプと同じ場所で、同じ景色を見るための前提です。そのことが、トランプの仕事をスピリチュアルに応援することにもつながるでしょう。

虎の巻物

「虎の巻物」というのは、形を変えた救世主待望論だと言いました。トランプがいかに偉大な人物かということを、聖書の言葉に絡《から》めて権威づけしようとするのは、キリスト教圏の人にはわかりやすいからでしょう。あるいはファンタジーを通してしか本質を理解できない人たちに向けた話かもしれません。

「虎の巻物」は7つあります。それが何なのかの詳しい説明はありません。トランプが行うことになっている世界緊急放送において、トランプは7つの「虎の巻物」を読むのだそうです。

ヨハネの黙示録に終末に「ほふられたと見える子羊」が「7つの巻物の封印を解く」とあり、それは伝統的にはイエスのことであるとされていますが、実はその巻物を開くのはトランプであるという希望を語っているのでしょう。つまり、トランプが神の経綸《けいりん》を読み解き、神の計画をその手で成就するということです。

要するに、天地創造の神はトランプの側にいるという主張を、キリスト教っぽく言っているのです。

スピリチュアル的なツッコミを入れるとすれば、要するに、アメリカ人は、キリスト教の神話に縛られているので、聖書をだしに使わないと、自己正当化できない人たちが、そのパラダイムの中で動いている、と見ることもできます。

もし、その聖書の物語自体が、でっち上げだったらどうするのでしょう。

私は、旧い神話は機能不全に陥っているので、宇宙時代の新しい神話が必要だと思っています。

都市伝説やオカルト界隈では、さらに、7つの封印が解かれると、7つの大陸がつながると言われています。新しい国連機構ができるのでしょうか。また、古代アークなどがシンクロして発見されると言われます。古代アークとは、大昔に眠ってしまったＵＦＯの残骸です。

地球を恐怖で支配していた旧い勢力が一掃されて、地球統一政府ができれば、宇宙人が姿を現してくるのかもしれません。

その時代に現れるのが、宇宙の言葉、言霊、ヨハネ音を使って現実を創造する人たちです。人類は、主体的に創造力を行使することに、集合的な恐れを持っています。思いはエネルギーであることを自覚しなければなりません。自分の心の在り方をよく観察して、勇気を持って、現実に対する創造者になりましょう。

ヤハウェは、旧約聖書、新約聖書での唯一神、万物の創造主の名前ですが、日本語では、ヨハネというのはヤハウェです。一方、ヨハネ音はヤハウェの遺伝子を伝えているとの都市伝説があります。ヤハウェは日本のどこかに眠っていると言われているのですが、日本人が目覚めた時に、日本人の精神性の中に、西洋人の神と同じ神、ヤハウェが現れるのでしょうか。

都市伝説では、ヤハウェとは伊勢神宮の下に何か大きなピラミッドがあり、そのことではないかなどという噂《うわさ》もあります。これを信じるか信じないかはあなた次第です。

第二フェーズを終わります。

王の言葉②

己の人生の
創造主たれ

フェーズ3

「次元」と「密度」が理解の補助線となる

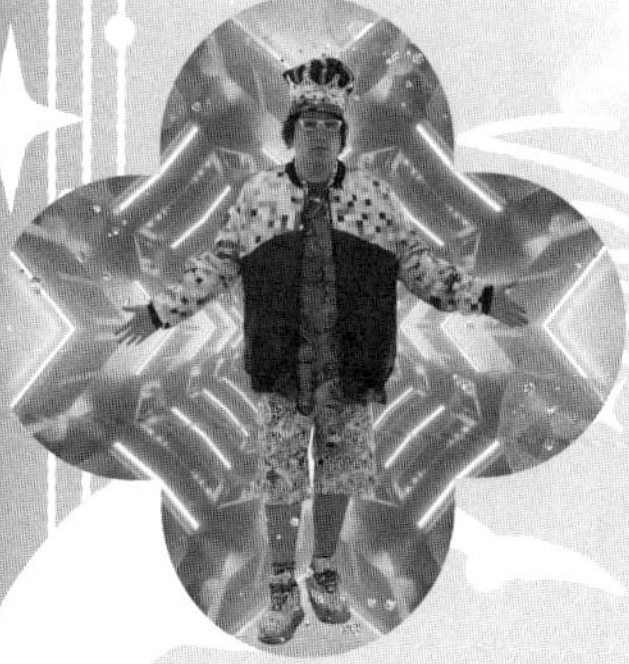

オカルトでは済まされない「隣の霊界」の真実

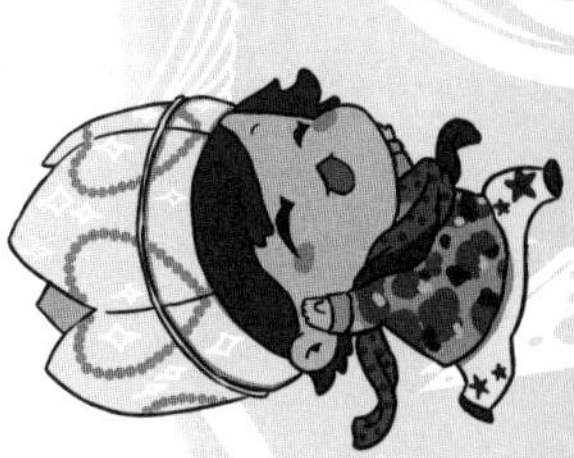

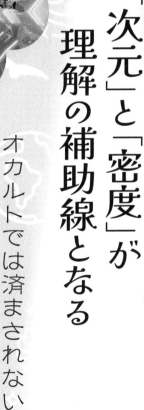

創造の鍵となる人間の意識

では、第三の項目、第三フェーズになります。

まず、ニコラ・テスラが紐解いた宇宙原論とされる、３６９（ミロク）の世という考え方について解説したいと思います。

一言でいうと、地球を理想的な愛の世界にするためには、一人ひとりが自覚的に創造者としての力を行使することが必要で、そのための創造の鍵が、３６９として象徴される特殊な意識であるという話です。

人間の意識が、あらゆるものを創造します。その時に、基本となる意識の在り方があります。

私たちが、宇宙からメッセージを受け取りたい場合は、一般に、潜在意識を通して、ハイヤーセルフに問いかけます。ハイヤーセルフは、必要に応じて、宇宙の情報保管庫を検索して、必要な答えをもらうと、そのエネルギーをシンボルや神聖幾何学の形に変換して、潜在意識に送り返します。

シンボルとして受け取ったイメージは、直感で解読しなくてはなりません。ニコラ・テスラがどのような質問をしたのか、どのような回答をもらったのか、それをどう解釈したのか、資料として残っているわけではないので、定かではありません。テスラの死後、残された膨大な資料は、ＦＢＩに没収されてしまいました。それが、この話が都市伝説であるゆえんです。

ニコラ・テスラが受け取ったメッセージは、トライアングル、つまり三角形、それをずらして重ねた六芒星《ろくぼうせい》、さらに3つのトライアングルをずらして重ねた、9個の頂点を持つ図形であったとされます。これが宇宙の創造原理であるというわけです。

高次元とつながる意識

この三角形や、三角形を重ねた六芒星、九芒星を使うと、高次元とつながることができます。３６９というのは、この三角形、六芒星、九芒星を指しています。

なぜ三角形なのでしょうか。

実は、ニコラ・テスラは、シリウスから地球に来た魂であるという噂があり、シリウスは「三角形のモデル」の象徴となっています。

三角形の各頂点は、陰陽の両極と、その統合を象徴しています。シリウス領域は、シリウスA、B、Cの、3つの恒星から成り、三角形を構成しています。

このシリウス領域が、人類の文明に深く関わっていたことを、アフリカのドゴン族の伝説が示唆しています。

実は、ネガティブなシリウス星人（陰）と、ポジティブなシリウス星人（陽）が、地球の創造期から活動しており、最後に、地球が統合の場所となる可能性があります。

スピリチュアル的な解釈では、三角形（3）は、二元性の、陽（善）の意識。目に見える世界のエネルギー。六芒星（6）は、二元性の、陰（悪）の意識。目に見えない世界のエネルギー。九芒星（9）は、ゼロポイント。陰陽、善悪の二元性を超えたニュートラルな意識。「今ここ」を意味すると考えられます。

第一フェーズで、言霊を使って創造するという話をしました。この節は、その補足になります。

言霊を使って、意念を宇宙に送り出すときに、本人の意識の在り方が大事で、宇宙の創造原理をうまく働かせるには、意識をニュートラルな状態に置くことが必要です。

分離意識

ミロクの3とは、どういう意識でしょうか。これがいわゆる分離意識で、いまだに多くの地球人が留まっている、3次元の意識レベルです。

「目に見える出来事」だけに注意を向けており、しかも、多くの情報の中から、自分が見たいものだけを見ています。

自分の思考のフィルター（価値観）で、良い悪い、を判断し、取捨選択しているので、起きた出来事の、ありのままの事実を見ることはできません。

自分の立場や利益という、単一の視点で、自分が受け入れられるアングルだけを切り取った、静止画のスナップショットに例えられます。

「見たくないので切り捨てた情報」は、これが、ミロクの6、自分のネガティブな部分なのですが、無意識のうちに視界から追い出されます。

自分の価値判断の物差しから見て、認められない闇の部分は、意識の底に抑圧され、感情体にネガティブなエネルギーが残ります。

ネガティブな感情エネルギーは、そのままにしておくと、やがて身体的な病気となって現れます。

地球人の活動寿命が短いのはこれが原因です。

統合意識

ミロクの9は、3と6が統合された意識です。

何か望ましくない出来事に遭遇した時に、「思考」と「感情」と「事実」を切り分けて意識します。

ミロクの3の意識では、出来事に対して、無自覚に反射的に反応するのですが、それは、事実と思考と感情が別物であることが、まだ理解できていないからです。

出来事自体には、原因はあっても、意味はありません。価値判断をしないで、事実をありのままに見れば、それはただ起きています。

事実に対して意味付けをするのは、自分の思考です。意味付けするのは自分の自由で、ネガティブにも、ポジティブにも意味付けできます。

ネガティブな意味付けとは、例えば、「自分は攻撃されている、自分は被害者だ」と思えば、怒りの感情が湧いてきます。

これに対して、魂レベルでの理解ができる人は、「相手は自分の鏡だ」「出来事は自分が種を蒔いている」「全て自分に責任がある」「教訓を学べば出来事が変わる」と考えて、自分が自分に隠してきた醜い部分、認めたくない部分（闇）に向き合おうとします。

ミロクの3の人は、世界をスナップショットの静止画のように見ていますが、ミロクの9の人は、オムニバス形式の、長い映画のように認識します。

言葉を変えると、複数の視点、例えば、自分や相手、そのほかの関わる人全てについて、それぞれの視点で、現在何が起きているかを重ね描きしてイメージできます。

このような、意識面の多元的な広がりだけでなく、その出来事の過去と未来の、原因（思い）と結果（出来事）の因果関係のつながりについても、洞察できます。

このような多元的な理解力のことを「悟性」と言います。「悟性」は霊能力ではありません。

ミロクの3の人は、自分のつけた仮面や、自分の立場から、自分の利益のことしか見えない、いわば視野狭窄《しやきょうさく》状態にあるので、自分の未来や、他者の未来に対して、意図して有益な行動を選択する（つまり愛ある存在になる）ことができません。俗にいう「今だけ、金だけ、自分だけ」という、偏《かたよ》った在り方になります。

ミロクの9の人は、自分の闇の部分にも向き合って、至らない自分、醜い自分を切り捨てずに認め、それもまた自分であると受容します。

例えば「人を赦せない自分」を受容するとは「赦さなくてもいいよ」と自分に声をかけることです。

「人を赦さなければならない」という規範を持っていると、「赦せない自分」を咎《とが》める思考が自動的に起こります。「(今は）赦せなくてもいい」と自分を認めると、自分を否定する思考から解放されます。

自分のネガティブな部分を受け入れることは、自分自身を愛することでもあります。

自分が「大いなる全て」の一部であると自覚していれば、自分の可能性を信じることができます。「本来の完全な自分」が現実だと知っているから、幻想である「現時点での至らない自分」を愛することができるのです。

ミロクの9の人は、自分に嘘をつく必要がないので、仮面を必要としません。

自分が「大いなる全て」の一部であると自覚できるのは、人間は肉体（物質）ではなくて、魂（霊的エネルギー体）であると理解しているからです。エネルギーである自分に、仮面は必要ありません。

二極性を超えた意識

「大いなる全て」は、宇宙に偏満する愛のエネルギーであり、万物を生かしめる、愛の摂理（法則）でもあります。

私たちの魂は、「大いなる全て」から分かれた個性あるエネルギー体であり、他者も自分も、同じ一つの存在であり、分かれていません。

同じ一つのものが、この3次元世界では、個性ある表現体として、分離した体を持っているだけだとわかると、他者を全て自分と感じるようになります。

「相手にすることは自分にすること」「相手の痛みは自分の痛み」ということを実感できます。

このような感覚が、地球のアセンション後の、いわゆる5次元レベルの意識です。

このような意識になると、二極性を超えて、魂やハイヤーセルフとつながって、意図的に、自由に共同創造できることを自覚するようになります。

ここまできて初めて、本当の意味で「自由意志と自己責任」の意味がわかるようになります。

地球での霊界の階層

さて、ミロクの3が3次元、ミロクの9が5次元と言いました。

ここで、スピリチュアルで言われる次元という言葉について、さまざまな混乱がありますので、概念を整理しておきたいと思います。

「次元（Dimension）」とは、個々の魂の意識のレベルについて、場所の概念と結びついて使われる言葉です。

次元と似た言葉に「密度（Density）」があります。こちらは、主に、惑星全体の意識の進化のレベルについて使われる言葉です。

初めに、「次元」についてですが、元々は、地球の霊界での、魂の住み分けに関して言われたものです。次元というと、物理的な概念のように思うかもしれませんが、そうではありません。

地球という惑星も、一つの意識体であって、魂があります。地球の肉体にあたるものが、物質の地球です。

人間の肉体には、生命エネルギーを構成するエーテル体という霊体がありますが、同じように、地球にもエーテル層があります。土と水と風と火の四大元素の霊的エネルギーがそれです。

地球のエーテル層は、波動の精妙さ、ないし、愛である神との親和性の違いによって、玉葱《たまねぎ》構造になっており、地球の周囲に霊的な空間の磁場ができています。

空間的に上に行けば行くほど、高次元の波動の魂たちが集まっています。低位の地上界と重なった領域には、地上界と同じような波動の魂たちが集まっています。

現在の地球には、3次元の物質界に重なっている、低位霊界の階層があり、これを4次元幽界と呼んでいます。

4次元幽界とは、人間が死んだ後に、最初に帰る場所です。

肉体が死ぬと、死後2〜3日で、霊子線（シルバーコード）が切れ、霊体（魂と精神体と感情体）が、肉体から抜け出します。肉体は土に還り、エーテル体は分解され、地球のエーテル体に戻ります。

日本では、仏教の文化の影響で、霊体になっても、死後しばらく、49日までは、幽界に留まることができます。その後、魂と精神体と感情体の中核部分は、霊体から離れ、狭義の霊界に帰ることになります。

ここで、ネガティブな感情エネルギーの大部分は抜け落ちていきます。ただし、本質的な傾向性は残るので、次の人生に課題を持ち越すことも可能です。

狭義の霊界

いわゆる「狭義の霊界」が、5次元の霊界です。

魂が、狭義の霊界に帰ってみると、生きていた時に自分だと思っていた、肉体と精神と感情は、本来の自分の、ほんの一部に過ぎなかったことがわかります。

今回の人生を体験するために、個別意識というアイデンティティを作っていたのですが、狭義の霊界に帰ると、意識は自己の本体に吸収されます。

自己の本体が「魂」です。魂は、「大いなる全て」である、愛のエネルギーが個性化したものです。個性の違いはあっても、他の魂と分離していません。つまり、狭義の霊界に戻ったら、分離意識はなくなります。

この次元が、いわゆる天国と呼ばれる領域です。

地獄霊は、さまざまな理由で、4次元幽界に留まり、地上の人間に働きかけてきます。

幽界の存在は、肉体を持たないだけで、地上の人間と同じく、精神体や感情体を持っているので、地上にいた時と同じ欲望を持ち続けています。

地上の人間の中には、彼らに憑依《ひょうい》されて、無自覚で低次元の活動を続ける人たちがいますが、憑依されるのは、分離意識、優劣意識、不足意識などの、幻想の中に生きているからです。それもあって、どうやって人から奪おうか、自分が得をしようか、というようなことを考えてしまうのです。

でも、地上の人間が憑依されるのは、「波長同通」で引き寄せてしまったからで、あくまでも自分の責任です。

ミロク（369）の世というのは、この地上世界の人々の意識を、狭義の霊界、5次元世界と同じレベルにすることです。

全ては一つである。全ての人は、かけがえのない個性を持つ、平等な存在である。分かち合えば、足りないものは何もない。そういう天国的な思いに満ちた世界にすることです。

高次元の世界

6次元以降の階層については、愛の温度、ないし、エネルギーの質、大きさ、意識の広さなどの差によって、無数の住み分けがされていると言われています。

6次元は、学者や専門家が住む世界です。6次元上段階に、諸天善神《しょてんぜんしん》と呼ばれる、戦いや芸術や繁栄の神々がいます。

7次元は、利他、愛他の世界で、宗教家など、全身全霊で他者のために尽くす魂たちがいる領域です。

8次元は、7大天使などの、最高度に進化した魂がいる世界です。8次元の最上段階は、地球以外の天体の霊域ともつながっていると言われています。

9次元は、最も神に近い魂たちがいる世界です。救世主として生まれる魂たちがいるとされます。

この地球の霊界の構造は、地球系の神々によって明かされたもので、地球独自の霊界観です。おそらく、極端な高次元の魂から、極端な低次元の魂までが、同じ惑星の磁場の中にいるという特殊事情が背景にあると推察します。

他の惑星では、その惑星に住んでいる魂の構成に応じて、また違った階層構造での住み分けがされています。

現在の地球人の意識レベルは、3次元（無神論者、唯物論者）ないし4次元（分離意識）相当の魂が大多数を占め、5次元相当の人々を増やすことが目下の課題となっています。

「密度」――エネルギーの周波数レベル

これに対して、地球外の存在（プレアデス星人）からもたらされた、「密度」という、惑星単位の意識レベルのマップがあります。

今お話しした、地球での「次元」という概念は、場所と関連づけられた意識のマップのことですが、全宇宙的には、個人の意識レベルに数値的な優劣をつけることになる「次元」

という概念は、一般的ではありません。

そもそも、「個」という意識自体が、地球のような、物質の肉体を持つ世界を生きるためのものです。高度に進化した宇宙存在の中には、肉体を持たないものも多いのです。

ここでいう「密度」とは、エネルギーの周波数レベルのことで、人間の魂に限らず、およそ物理的・非物理的存在の「意識の広がり」をモデル化したものです。物質にも意識があるという理解が前提です。

それによれば、「第一密度」は、点の意識。原子と分子の意識。最も基本的な次元で、この次元に、原子や分子の創造に必要なエネルギーがあります。生命でいえば、鉱物と水、人間の基本的な遺伝子情報などです。

「第二密度」は、線の意識。動植物の意識。集団や種としての意識が生じるレベルです。このレベルの意識には、自我がありません。

「第三密度」は、立体的な意識。人間としての意識が芽生えるレベルです。現在の意識を保ちながら、過去や未来について考えることができます。時間の認識は、過去から現在へ、さらに未来へと、直線的に進みます。善悪二元の幻影が生じるレベルで、それを乗り越えるには、覚醒することが必要です。

「第四密度」は、完全な立体的意識、超意識です。自我を持ちながら、集団意識も持ちます。循環する時間認識をします。異なった次元や波動レベルに存在する現実との交流能力が増します。否定的な意識を保つのが難しくなるレベルです。

このレベルでは、第四密度の意識の特徴である「統合」を志しながら、自分自身や、自分の人間関係にまつわる問題を解決することが求められます。自己責任を負いながら、自覚的に自由意志を行使し、一体、平和、無条件の愛を希求します。

肉体が意識の媒体として使われる最後のレベルなので、多くの宇宙文明が、長期間このレベルに留まります。

「第五密度」は、英知のレベルで、指導霊や、霊界のマスターたちの意識です。自己を純粋なエネル

肉体を使わない	第七密度	多次元的経験の認識。社会的記憶の複合体。完全なる一体と統合の波動レベル。集合意識体。
	第六密度	キリストや釈尊の意識波動の特性。完全な記憶が蘇る。全体のために責任を果たす。自己と全体の成長プロセスが完全に一体となる。
	第五密度	集団意識としての自己。直線的時間からの解放。意識のファミリー（ハイヤーセルフ）との融合。非物質的な経験。
肉体を使う	第四密度	自我の保持と集団意識の両立。自由意志。行動の結果に責任。統一・平和・無条件の愛。異なった次元との交流能力。否定的意識の堅持は困難。
	第三密度	集団意識の喪失。個別意識の形成。過去や未来を思考。分裂という幻影。

出典：リサ・ロイヤル『プリズム・オブ・リラ』

ギーとして理解します。また、意識のファミリー（オーバーソウル、ハイヤーセルフ）と融合します。非物質的な存在としての経験が生じる最初のレベルです。

「第五密度」から「第七密度」までは、形を持たないので、移行の区別は難しいです。

「第六密度」は、キリストやブッダの意識波動のレベルで、「キリスト意識」とも呼ばれます。完全な記憶が蘇るレベルで、統合性や無限性を特徴とします。集合意識として、または人格を持つ個別意識として、自らを表現することもあります。このレベルの存在は、自分のためではなく、全体のために責任を果たします。

「第七密度」は、完全なる一体性と統合の波動レベルで、多次元的経験の認識です。集合エネルギー体系、あるいは「社会的な記憶の複合体」としてのアイデンティティを持ちます。

「第四密度」は、地球の霊界の構造論では、5次元から6次元にあたると思われます。

「第五密度」、「第六密度」は、地球霊界では、7次元から9次元にあたると思われます。

新地球をもたらすもの

都市伝説オカルト界隈で、新地球に向けて、このような説明がされます。

いわく、3次元の意識では、お金や物、食べ物や性に対する欲念が強くなるけれども、4次元になると、二元性の葛藤の中で、善と悪の気づきを得て、だんだん欲から離れる気持ちが出てくる。

そうなると、5次元以上のスピリチュアルな世界、神につながる流れができる。

7次元以上は神様の世界だが、7次元、8次元、9次元のアセンデッドマスターたちが、霊的世界から3次元世界に介入して、この世の中を新地球に変えようとしている、というようなストーリーです。

この説明は、ほぼ事実に近いと思いますが、一つ補足するとすれば、地球を変える主体は、高次元霊ではなく、私たちだということです。

高次元霊は、私たちの自由意志の選択には介入しません。

霊界の高次元霊や、シリウスやプレアデスなどの地球外生命体は、さまざまなアドバイスを通して地球の変革を助けることはできますが、他の惑星の自由意志による選択に介入することは許されていません。

地球を変えるのは、あくまで私たち地球人の一人ひとりが、それぞれの意識のレベルを上げることによってなされます。

それには、少なくとも、これまで見ないようにしてきた、自分自身の闇の部分と向き合って、過去世から持ち越してきた課題を乗り越えることが必要です。

課題は、一人ひとり違います。

もし、あなたに、突然、不安や恐れの感情が起きたら、そこに何かヒントがあるはずです。ネガティブな感情を癒すのは、自分以外の誰もできません。他力本願でいる人は、新地球に移行することはできないのです。

そのことに気づいた人が、徐々に増え始めています。

自分が「大いなる全て」の一部であることを自覚して、神につながって生きようとする人が増えています。日本人の中にも、ミロクの9、統合意識を目指す人が多く見られるようになりました。

統合意識は、二極を超える意識です。日常の出来事の中で、どのように統合意識を表現して生きていくかが問われています。

神とつながる生活

都市伝説オカルト界隈では、ミロクの世界の成就を表す、数字の9が注目されています。9は統合意識で、神とつながることを象徴する数字です。

神道系の有名なところでいうと、三峯神社は3を3つ足すと9になることから、神とつながるご利益があるとされます。箱根の九頭竜《くずりゅう》神社も、竜が9あるので、神につながるご利益があると言われたりします。

こういう神社の神様も、もちろんご利益はありますが、神とつながる鍵は、あくまで、日々の生活で起きてくる出来事に対して、自分の本心と正直に向き合うことにあります。

神社の御神体は鏡ですが、鏡に映った自分の姿を、心の目でよく見れば、自ずと答えは出るはずです。

仮面をかぶって生きてはいないか、事実を歪めて見るフィルターがないかどうかを、よく観察して、自分の姿を、正直に、ありのまま観察して、良いことも悪いことも全てを受け入れて、自分を愛しましょう。

何より、私たちの本質は、「大いなる全て」の一部、永遠の生命を持つ魂という、愛のエネルギーです。自分を愛することは、神を愛することであり、全ての存在を愛することです。

神とつながる生活は、自分の神性を自覚するところから始まります。

この3次元世界は、ますます、テクノロジーの進化が加速されるでしょう。

AIやシンギュラリティの波に飲み込まれて、さらなる意識の束縛を体験する人と、外の環境に左右されることなく、自由な創造を体験して生きていく人と、二極化が続くでしょう。

3次元の意識で生きるか、5次元の意識で生きるか、あなたの世界線は、あなた自身の選択によって変わります。地球の新時代は、あなた自身が引き寄せることができます。

信じるか信じないかは、あなた次第。

第三フェーズはここまでです。

王の言葉③

魂で生きよ

フェーズ4

変わるのは信念体系だけ

都市伝説から「次世代の地球物語」の主人公へ

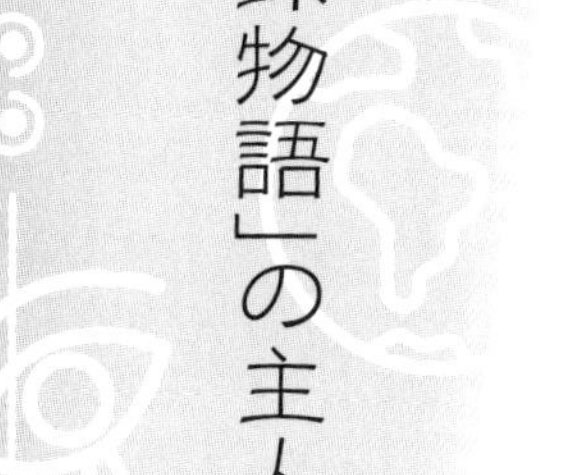

体験は物語が紡ぎ出す

第四フェーズでは、信念体系が体験を創造するという話をします。

第二フェーズで、宇宙エネルギーの根源は、音であり、物質宇宙は、他でもない、あなた自身が発している言霊の音や、周波数によって現れてくるという話をしました。

あなたが何かを考えることも、周波数です。あなたが出す周波数が宇宙のエネルギーと共振し、宇宙はその周波数と同じものを創り出して、発した人に、体験として送り返してきます。

つまり、あなたの体験は、あなた自身が創り出しています。

その時に、「何を創造するか」の枠組みを決めるのが、自分についての「物語」です。

宇宙は、自分の精神が信じている通りに、体験を創造します。

人は誰でも、独自の物語の中を生きていますが、宗教は、世界についての一番大元となる物語であり、世界観のコンセプトを決めています。

現実の自分は、自分の物語が描く自分以上の自分になり得ないので、自分が持っている物語の質には注意が必要です。

第三密度の宗教は依存させる

第三密度の人の信念体系のモデルは、例えば、ヒンドゥー教を考えてみれば、わかりやすいと思います。ヒンドゥー教では、神への儀式が生活の基礎になっていて、年間を通じてさまざまな儀礼を行います。

ブラフマーとヴィシュヌとシヴァがヒンドゥー教の三大神といわれ、宇宙の創造をブラフマー、維持をヴィシュヌ、破壊をシヴァが司るとされます。

ヒンドゥー教では、世界や人間を生みだした神や、その他のたくさんの神々が出てきます。要するに、神は、自分の外にある、超越的な存在です。人間は、自立しておらず、神々に依存しています。神々の前では、人間は謙虚にならざるを得ません。その点では、魂の成長に役立つ考えだと思います。

ただ、見方によっては、人間は、神々が決める運命や宿命に縛られている、無力な存在だということになります。このような、人間の上に君臨する神々のイメージは、世界中で見られます。

都市伝説界隈でも、日本古代のアマテラス、ツクヨミ、スサノオが、ブラフマー、ヴィシュヌ、シヴァにシンクロするという話や、クババという闇の神など、さまざまな神の名前が出てきます。これらは、旧い地球人の集合意識が作り出した、神々のアーキタイプとして理解できるでしょう。

第四密度の哲学は自立させる

これに対して、第四密度の宗教といえば、仏教です。

といっても、日本式の仏教ではなく、ブッダ本人が説いた教えです。中国から日本に伝えられた仏教は、後世の弟子が編纂《へんさん》した大乗仏教と景教(ネストリウス派のキリスト教)が混じったもので、ブッダのオリジナルの教えとは違うものです。

オリジナルの仏教は、ヒンドゥー教を革新する教えでしたが、残念ながらインドでは信者がほとんどいなくなってしまいました。

それは一種の哲学であり、現代のスピリチュアルの教えでいう「原因と結果」と「自由意志と自己責任」の考えを柱にしていたと思われます。（なお、「八正道」という反省法は、「原因と結果」を観察するための形式であり、本質ではないと考えるので、この本では触れません）「原因と結果」は宇宙の法則なので、自分の自由意志の選択以外に、人の幸・不幸に影響を与える、超自然的・魔術的な力はありません。つまり、自分以外に、運命や宿命の主はありません。

人生で起きる出来事には、偶然はなく、全ては自分が種を蒔いているので、起きた出来事から原因を反省して、思いや言葉や行いを正して、良い種を蒔くことによって、未来が変えられるとしました。

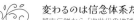

現代のスピリチュアルでは、未来だけでなく、過去も変わると言います。時間は、精神が作りだした認識の形式であって、実際には「今ここ」しかありません。ネガティブな感情の記憶のエネルギーは、感情体の中に溜まっています。過去の事件を連想させる出来事が起こると、その記憶に紐づいた感情が、今ここで再生されます。

もし、その感情のエネルギーが癒され、今ここから消えたならば、未来に、同じような出来事に遭遇しても、もう起動しません。また、感情体には時間がないので、今ここのエネルギーが消えたら、過去からも消えていることになります。

恐れの感情が消えると、防衛しなくなるので、愛が出てきます。そうすると、思考や行動が変わるので、結果として、未来が変わります。

望まない出来事が起こった時、「なぜその出来事が起きたのか」という因果関係を、判断せずに、ありのまま観察することは大事です。

事実を見ないようにしてしまっては、別の現実を創造する手掛かりを見失います。「ネガティブ」を体験することで、「ポジティブ」が良いことだとわかるようになるのです。「ネガティブ」を体験しても、それは「ポジティブ」がわかるようになるために、魂が引き寄せた幻想だと思って、執着しすぎないことが大事です。どんな出来事も一歩引いて、俯瞰《ふかん》的に眺めて、魂の学習のための教訓だと思えばいいのです。

必要な教訓を得たと思ったならば、別の波動の体験をするために、「こうありたい」という、新しい自分の「在り方」を「意図的に」決めて、希望・願望を描きます。

その願望が実現した状態を、リアルにイメージして、感情を込めて実感したら、すでに別の現実に移動しています。

これは、「人間を救ってくれる神」が登場する神話よりも、はるかに進んだ物語です。

2500年前の人には、難しすぎたのでしょうか。

実は、現代のスピ系の人にも、あまり受けが良くありません。派手なところがないからでしょうか。それとも、科学が発達した現代社会に生きていながら、頭の中は、依然として2500年前と変わらないのでしょうか。

あらゆる幻想の体験は、自分で新たな現実を創造するチャンスであることがわかれば、どんなネガティブな出来事にも、理性的に立ち向かっていけるでしょう。

スピリチュアルな物語の中を生きる

みなさんは、「本心」から、「自分の意志」で、「自覚的」に選択していますか。

そもそも「自分の本心」をはっきり自覚しているでしょうか。

「自由な選択」の結果、何が起ころうと、自分が責任を負う覚悟ができていますか。

自分の選択の「結果」を、百パーセント受け入れると、腹が括《くく》れていますか。

望ましくない出来事が起きた時、他人や、環境や、条件などのせいにしないで、自分の「思考」「感情」「事実」を切り分けて、事実をありのままに見ることができますか。

「スピリチュアルな物語」を生きることは、「原因と結果」の因果関係を自己分析して、問題や課題から逃げずに、人生の教訓を得ることなので、自分に厳しい生き方です。よく考えると、「自己責任」を実践するのは、そう簡単ではないことがわかると思います。望まない結果が起きると、人のせいにしたくなるのが人情です。自由意志で選んでいる「つもり」になっているだけで、実際は人から説得されていることもよくあります。自分で人生の責任をとりたくないので、説得してくれる人を求めることもあります。

例えば、ある信頼できるユーチューバーがいたとします。

彼が、お金が儲かる極秘情報を、特別に、動画でシェアしてくれたとします。

あなたは、それを信じて、投資を決断するかもしれません。その結果、言われたように、儲かるかもしれないし、損をするかもしれません。

儲かったらよかったのか、損をしたら悪かったのか、なんとも言えません。

ハイヤーセルフは、彼に何かを伝えたくて、「底つき体験」(例えば、ギャンブルで、一瞬で一文なしになること)を望んでいるかもしれません。

「魂」はあなたの思うこと、語ること、行うことの全てを観察しています。もし、あなたが「魂」レベルで生きたいと思えば、起きてくる体験の中で、自分の精神や思考がどう動いたかを、自分自身で観察すればよいのです。

いずれにしても、自覚的に、自由な選択をして、その結果、いろいろな感情や思考が起こってきたら、それを手掛かりに、魂が本当に望むことに気づいて、正直に向き合わないと、無自覚で引き寄せた「運命や宿命」（だと思っているもの）に翻弄されてしまいます。

ご利益宗教の神様や、占いに頼ることは、自分以外の何者かに力を明け渡すことです。自分の外に力を求めたくなるのは、「自分には力がない」と信じ込んでいるからです。でも、あまりにも当たり前で、無自覚なので、そのことに気がついていません。

自分の中に、神と同じ性質（神性）があるという物語を受け入れていても、知識だけでは、結局誰かに依存して終わってしまいます。自分には「無限の力」があるという物語を、本当には信じていないからだと思います。

繰り返しますが、私たちは、自分が持っている信念体系によって、考え、語り、行動します。思考・言葉・行為は、体験を創造します。無意識で働く信念体系（思考を支える思考、本当の本音）が、自分の可能性を開くこともするし、逆に限界を作ることもします。

「原因と結果」の法則は、冷徹なほどに完璧に働いており、誰も抗うことができません。ちょっとくどかったかもしれませんが、大事な視点なのであえて繰り返しました。

神と人間の関係についての物語

スピリチュアルな物語では、神は愛であり、生命自体でもあります。神を大海に例えると、人間は、ちょうど、海の表面にできた、波のようなものです。神は永遠に生きるので、私たちの生命も永遠に生きます。死は、生命が形を変えて、別の世界に移動することです。自己の本質が、神の一部であるなら、人間は本質的に善きものだと考えることになります（性善説）。誰もが自由で平等で、自分も世界もより良く変化させていく潜在的な力を備えている、と考えることになります。

この信念体系が、その思いにふさわしい現実体験を創っていきます。魂のレベルで生きる人は、身体感覚として、自分が肉体ではなく、神自身の体である、愛のエネルギーの一部だと実感しています。そして、精神や思考を、もっぱら愛を表現するために使おうとします。魂の最大の関心事は、愛のエネルギーを循環させることだからです。「原因と結果」の法則は、「作用・反作用の法則」でもあるし「与えるものを受け取る」という法則でもあります。無条件の愛を与える人は、必ず、誰かから、愛を与えられるようになっています。これを「愛の循環」の法則といいます。

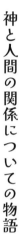

このような物語を受け入れている人は、常に、自覚して選択している（良い種を蒔いている）ので、良い未来だけを創造することになります。

「悪魔はいない」という考え

「原因と結果」の法則と表裏一体の、重要な原則があります。これもぜひ記憶してください。それは「悪魔はいない」という考えです。

悪いことをする霊的な存在がいないと言っているわけではありません。「悪魔体験」が客観的にあるのではなくて、「悪魔体験」を創造しているのは、自分の思考や言葉や選択であるということを逆説的に言っているのです。あらゆる自分の体験の原因は、自分が作り出しているのに、「これは悪魔のせいだ」と言って人のせいにする、思いの癖について、注意を喚起する言葉です。

自分に起きた「悪いこと」は、全部「悪魔のせいだ」と思ってはいませんか。「自分が悪いのではない」と思いたいから、誰かをスケープゴートにしているのではありませんか。

例えば、テストの点数が低かったのには、必ず原因があります。おそらく勉強の要領が悪かったのです。あるいは勉強時間が足りなかった。または理解不足だった。悪魔のせいではないし、お母さんのせいでもないのです。この時、「テストの点が低くてもかまわない」と考えるならば、問題は解決します。それも一つの対応方法です。もし「テストの点が高い方が望ましい」と心から思うなら、「テストで満点を取る」ことを目標にして、そのための戦略を立てて、実行すればいいのです。その努力するプロセスを楽しんでいるうちに、その願望は実現するでしょう。

この章をまとめてみます。

「信念体系が現実を作る」ので、自分がどんな信念体系を持っているかに注意しましょう。望ましい未来を創造するためには、「他力本願」ではなく「自助努力」で願望を実現するようにしましょう。

第三密度から第四密度に移行するための重要ポイントの一つですので、ぜひこの考え方を活用してください。

以上で第四フェーズを終わります。

王の言葉④

原因と結果
自己責任を貫け

フェーズ5

意識のワークがすべてを変える

スピリチュアルの基本は「愛のエネルギー」

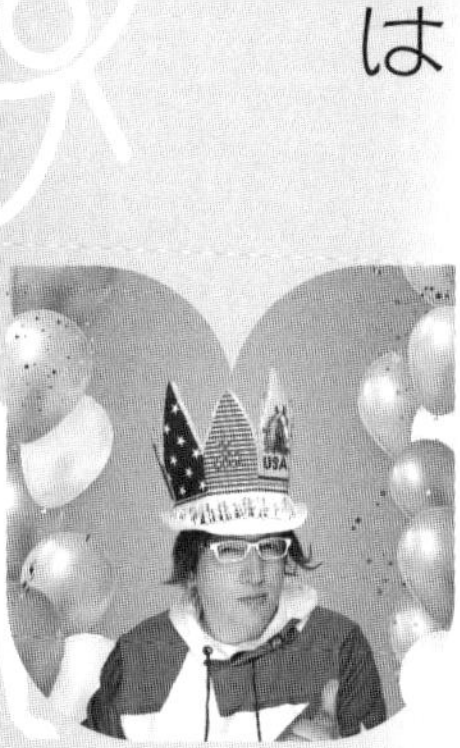

意識のクリーニング

第五フェーズでは、意識のクリーニングについてお話しします。

地球で起きている波動上昇についていけず、苦しい思いをしている方がいます。なぜ苦しいのか。一言でいうと、エネルギー体にゴミが溜まっているからです。

第四密度では、魂としての自己認識が普通になります。魂の声を、精神が受け取って、それを、身体を使って表現するようになります。

霊界にいる魂と、物質界にいる肉体をつなぐものは、エネルギー体です。誰でも、高い霊性を持っていますが、それが眠っている人がいます。眠っていたら、魂の声が精神に届きません。

人間に7層ある、エネルギー体のうち、「セレスティアル体」や「コーザル体」などの、高次の自己を活性化させることが、魂とつながる方法です。

人類の集合意識は、意識の周波数帯を上げる準備に取り掛かっています。地球の波動を下げている原因を、抜本的に取り除こうとしています。

この流れに乗って、一気に意識を飛躍させようではありませんか。

高次の自己を活性化させる方法が、意識のクリーニングです。

第五フェーズでは、そのやり方についてお話しします。

霊的な体（オーラ層）の構造

まず、私たちの霊的な身体について、原理的な話をまとめておきたいと思います。

私たちの肉体の上に、目に見えない、エネルギー体が7つ重なっています。それぞれの体は、霊眼が開いている人には、光り輝くオーラ層として映ります。

そして、いわゆる「チャクラ」というエネルギーのツボが、それぞれのオーラ層に、エネルギーを供給しています。

7つのオーラ層の働きは、大きく3つに分かれます。

下層は「エーテル体」「感情体」「メンタル体」からなる「低位の自己」です。地上界と結びついており、物質の肉体を生かすエネルギーを代謝しています。

上層は「テンプレート体」「セレスティアル体」「コーザル体」からなる「高位の自己」です。魂とのつながりを表現する器官です。高度な意志、愛、知性とつながっています。

中央の「アストラル体」は、エネルギーが、物理世界から霊界に移動する時に通過する変換領域です。愛は、もう一つの現実世界に通じる入り口です。


それぞれについて、もう少し具体的に見ていきましょう。

肉体に重なって、第一層に「エーテル体」があります。エーテル体は、肉体と全く同じ構造をしており、肉体に生命力を与えます。エーテル体にエネルギーを供給しているのは、会陰のベースチャクラです。

第二層に「感情体」があります。この感情体のおかげで、私たちは、本能や欲望などの（低次の）感情を体験することができます。感情体にエネルギーを供給しているのは、仙骨の第二チャクラです。

第三層に「メンタル体」があります。メンタル体のおかげで、考えたり、計算したりといった（低次の）精神的な活動ができます。メンタル体にエネルギーを供給しているのは、太陽神経叢《そう》の第三チャクラです。

第四層に「アストラル体」があります。アストラル体は、つながりを作るエネルギーです。上位の自己と、低位の自己をつなげます。他の人とも、アストラル体同士で、エネルギーの交流をします。親密な関係になると、チャクラから、互いにコードを延ばして、接続が行われます。アストラル体にエネルギーを供給しているのは、ハートの第四チャクラです。

第五層に、「テンプレート体」があります。テンプレート体は、物質界にある自己の形態（チャクラ、肉体の器官、肉体の形などの構造）を、ネガの状態で持っています。病気などで、エーテル体が傷ついたときに、このエネルギーが、音（波動）で、エーテル体を本来の状態に戻します。音でエーテル体を形成すると、肉体が修復されます。テンプレート体にエネルギーを供給しているのは、喉の第五チャクラです。

第六層に、「セレスティアル体」があります。セレスティアル体は、霊的自己の感情面を司ります。瞑想で到達する霊的な恍惚（エクスタシー）状態です。ハートチャクラとセレスティアル体のチャクラがつながると、無条件の愛が流れます。セレスティアル体にエネルギーを供給しているのは、額の第六チャクラです。

第七層に、「コーザル体」があります。コーザル体は、霊的自己の精神面を司ります。ここに今世の生命プランがあります。弾力のある卵型の光の殻のような形です。コーザル体にエネルギーを供給しているのは、頭頂の第七チャクラです。

第八層は、キリスト意識、第九層は宇宙界とつながります。霊的な体は希薄でわからないそうです。旧い地球の3次元の限られた認識の中では、ほとんどの人は開いていませんでした。

なお、スピリチュアルでは、エーテル体、アストラル体、メンタル体、コーザル体の4層を、肉体、感情、精神、魂に当てはめるのが一般です。本書では、意識によるチャクラのクリーニングがエネルギー体の調整に関係すると考えるため、アメリカ人のヒーラーである、バーバラ・ブレナンの提唱する、低次、高次のエネルギー体と、両者を統合するアストラル体の3つに大きく分けて考え、それぞれがチャクラに対応するとする考えに従っています。

エネルギー中枢としてのチャクラの働き

さて、この7つの霊的な体に、エネルギー中枢としての7つのチャクラがついています。7つのチャクラのうち、下の3つは、肉体面、上の3つは精神面に関係します。真ん中の一つは愛のチャクラで、エネルギー体の中核部分です。

第二チャクラから、第六チャクラまで、身体の前面と、背面に、5対あります。前面は感情、背面は意志のチャクラです。

チャクラは、どれか一つだけを活性化させるよりも、全体のチャクラがバランスよく働くようにすることが必要です。

例えば、大抵の人は、「上の方」のエネルギーが過剰になっています。いつも思考がぐるぐる渦巻いているような人は、それだけでエネルギーを消耗します。これは、第六チャクラ（思考）や第七チャクラ（悟り）のエネルギーが過剰だからです。

そこで、「下の方」のチャクラを活性化させます。そのために必要なのは、グラウンディングです。大地にグラウンディングして、第一チャクラ（生命）、第二チャクラ（性）にエネルギーを補充します。

グラウンディングというのは、大地から「地球のエネルギー」を取り込むことです。と言っても、別に難しいことではありません。散歩でもいいですし、ラジオ体操でもいいです。公園の緑の中でゆっくりするだけでも、エネルギーがチャージされます。

足の裏から、根っこが生えて、それが地中に伸びて、地球のコアをぎゅっと掴《つか》むイメージをしてみましょう。エネルギーが身体に入ってくるのを感じるはずです。

7層に重なった一番外側の体は、黄金色に光った卵型をしています。自分の身体から、オーラが卵型に光って、その内側から、愛のエネルギーが波動として広がっていく様子をイメージしてみましょう。

エネルギー体としての中核部分は、愛のエネルギーなので、ハートにいつも「愛の感情」を置くように心がけましょう。どんな相手にも、無条件の関心を向けて、愛の想いを止めないようにしましょう。

エネルギーは、思いに引き続いて起こります。思いを変えると、思いを表現するために必要なエネルギーが入ってきます。

よく「どうすればハートのチャクラを開くことができますか」と聞かれることがあります。その質問をした方は、「ハートのチャクラが開けば、もっと愛のある人生が送れるはず」と考えているのですが、これは、順序が逆なのです。

愛を与えようとする人に、摂理によって、神から愛のエネルギーが与えられます。内側から愛のエネルギーが流れ出すから、結果としてハートチャクラが開くのです。

他のチャクラについても同じです。だから、チャクラを開くには「どうなりたいのか」

という「希望」がとても大事です。

第一、第二チャクラの活性化

それでは、第一チャクラから、具体的なクリーニングのやり方を説明していきましょう。

第一チャクラ（生命）と第二チャクラ（性）は、人間の本能（いわゆる「低次の欲望」）に関係しています。

欲望のエネルギーを、満足させられない時に、それは怒りや、執着の想念エネルギーに変化します。この怒りは、本能的な脳の反応です。潜在意識のパターン化された「自動思考」によって起こります。

このエネルギーをどうやってコントロールするかが問題です。

未熟な防衛反応としては、怒りや、暴力や、恨み、妬《ねた》み、嫉《そね》みなどがあります。感情をただ抑圧したら、心理的なストレスからメンタルや身体の病気になったりします。

第一、第二チャクラの抱えるテーマは「克己」です。意志の力で、「低次の欲望」を乗り越えることで、霊性が涵養《かんよう》されます。

第一、第二チャクラの活性化のクリーニングの一つは、「怒り」のコントロールです。怒りが湧くのは、自分を「被害者」として意味づけするからです。実際は、あらゆる体験は、「原因と結果」で、自分が引き寄せています。「起きたことは全て自分が原因を作っている」「相手は自分の鏡である」と考えて、出来事を否定せずに、ありのまま受け入れるようにしましょう。

また、自分が担っている社会的な役割や、立場などの仮面を自分だと思っていると、その仮面が傷つけられた時、防衛反応として怒りが出てきます。

自分の本体である魂は、本当は、全てが充足した存在だけれども、わざわざ、物質の世界で、不自由な出来事から学ぶために、望んで地上に降りてきたのだと、霊的な世界観から俯瞰するようにすると、どんな出来事も、そもそも問題ではないと思えるようになります。

第一、第二チャクラの活性化のクリーニングの二つ目は、「嫉妬」の思いのコントロールです。嫉妬すると、相手を否定する感情が湧いてきます。それは、実はその人の姿が、自分がそうなりたいという理想である可能性があります。

クリーニングの方法としては、自分が否定した部分をよく観察して、むしろ相手の力を正当に評価して、褒めるように心がけます。

第一、第二チャクラの活性化のクリーニングの三つ目は、「性欲」のコントロールです。性欲を「無条件の愛」で昇華するように努力していると、第四チャクラ（愛）が開いてきます。相手を自分の所有物にしたいとか、支配したいというような思いを野放しにしていると、愛のチャクラは閉じたままです。

「無条件の愛」で昇華するというのは、自分の身体の「低次の欲望」の声を聞かずに、相手の自由意志を尊重することです。第三チャクラの意志の力で、自分の思いや言葉や行動をコントロールします。思春期はなかなか悩み多い時代です。

愛とは何でしょうか。

愛とは、相手を自由にすることであり、相手の自由を尊重することであり、相手のありのままを受容することです。

愛とは、無条件で相手の幸福を願い、成長を助けることです。少しでも、相手に何かを期待したり、相手を必要と感じたり、嫉妬の思いがあれば、愛ではなくなります。

愛とは、感情ではなくて、自分の「在り方」です。相手側の事情とは関係のない、自分の側の問題なので、相手がどうあれ、愛である在り方を貫くことができます。

常に愛であるためには、自分の隠れた利己的な動機に気づき、悪しき思いの芽を摘むことが必要です。

なお、地球では、大きな月があるので、女性に大きな女性性のエネルギーが与えられます。女性性の本質は、母性であり、受容性です。地球外の存在からは、地球の女性が、宇宙で一番素晴らしいと思われています。地球の男性が、地球の女性にふさわしいレベルに上昇するのはいつの日でしょうか。

第三チャクラの活性化

第三チャクラのエネルギーは、「低次の自己」を乗り越える意志に関係します。

第三チャクラを活性化させるクリーニングは、「自分は魂が望む通りに行動しているだろうか」と自問することです。

例えば、会社で仕事をしていて、自分にとって煩わしい事態が起きたとします。その時、反射的に「なぜ自分がこんな面倒なことをしなくてはいけないのか」と誰かを咎めるのではなく、それはそれとして、「ここにきっと何か魂の課題があるのだろう」と思い、起きた出来事をただ眺めて、感謝と共に、誰か、または全体のために、真摯に対応するようにします。

意志の力で、克己と利他(奉仕)の在り方を選択するのです。奉仕といっても義務ではなく、むしろ魂は喜びを感じます。このような在り方を意図的に選択できるかどうかが、覚醒のポイントになります。

第四チャクラの活性化

第四チャクラは、愛のエネルギーに関係します。

第四チャクラを活性化させるクリーニングは、対人関係での思いを、「愛の方向」に変えるように、相手との関係での、自分の思いを観察します。

「相手から何を得られるか」という思いを「自分は相手に何を与えられるか」という方向に切り替えます。エネルギーを奪う方向から、与える方向に切り替えると、愛のエネルギーが流れ始めます。

「相手との関係を通して、自分が何者かになろう」としていると、相手を必要とするので、愛の関係ではなくなります。必要があると思えば執着します。執着を手放すためには、「自分は何者にも依存せずに、ありのままで完全だ」という思いに切り替えます。

もし「相手が妬ましい」という、嫉妬の思いが出たら「相手は私のお手本だ」「学ばせてもらおう」「努力して追いつこう」という思いに切り替えます。人と自分を比べるより、明日の自分に挑戦しましょう。論争するより対話して和解しましょう。

ハートのチャクラをクリーニングするには、まず、自分を尊重して、尊敬して、愛することから始めます。自分を否定して、非難すると、神の分身である部分（神性）を感じることができなくなります。まず自分を愛して、その後、自分と同じように、相手を尊重して、尊敬して、自分の分身のように思うという順番です。

ここに挙げた「不純な思い」は、全てクリーニングの対象です。「不純な思い」は、もやもやした感情でわかります。「思考」を変えることで波動を変えることができます。

全ての人間関係は、自分が主体的に体験を創造するための器です。宇宙には「与えたものを受け取る」法則が働いているので、相手が誰であれ、環境がどうあれ、自分が与えた思いをそのまま受け取ることになっています。

どこで何をするかが大事なのではなく、「在り方」が大事です。どこで何をしていようが、そこに愛を投げ込めば、必ず愛を受け取る体験をします。「在り方」の波動を変えれば、ホログラム体験である環境が変わります。

第五チャクラの活性化

第五チャクラ（言葉）は、コミュニケーションだけでなく、創造にも関係します。

第五チャクラを活性化させるクリーニングは、「正直に語る」ことです。

誰でも、「こうでありたい」という自己イメージがあります。与えられた立場や、利害関係によって「こうであってほしい」と他者から期待される自分のイメージもあります。どちらも、本当の自分ではありません。魂の願いは、全ての人の役に立つことをすること、全体のために、自分の責任を全うすることです。何者かのフリをしていると、全体の利益につながるような選択ができません。

正直に語るとは、何かのフリをするのではなく、自分の本心に目覚めて、ありのまま気づきを語ることです。自分の選択とその結果を、進歩だけでなく間違いも隠さず他者に見せれば、全ての人の霊性進化に役立つ可能性があります。

第六チャクラの活性化

第六チャクラは、思考に関係します。

第六チャクラを活性化させるクリーニングは、「物事を歪んだ目で捉えていないか」を内省することです。

出来事に対して「先入観はないか」「色眼鏡で見てないか」「判断が一方的でないか」を客観的な第三者の目で見ます。「価値観の物差し」を当てはめて、誰かを裁いていないかを観察します。

第六チャクラのクリーニングは、自分の主観ではなくて、客観的な視点で眺めます。

「思考」は創造行為と関係があります。思考と言葉が原因となって、何らかの出来事が結果として起きてきます。

望ましくない出来事が起きたら、因果関係を、ありのまま観察します。すると、次に同じような状況が起きた時に、「前と同じことが起きたな」と自覚できるようになります。そうしたら、「愛であるにはどうするか」と考えて、より成熟した、適応的な対応をすれば良いのです。

日本語で「反省」というと、「良い悪い」の物差しを当てて、「間違った」ことが原因でこの結果が起きた、という思考をしがちです。これだと、自分を責める二極性の思考のトラップにはまります。

そうではなく、「してしまったこと」「起きてしまったこと」は、そのままにしておきます。その代わり、「その結果をもたらした原因」に手を打つことに集中します。

例えば、テストで2問間違って、95点だったとします。「自分は95点も取れてすごい」と喜ぶか「5点間違った、ダメだな」と悔しがるか。それはどちらでもいいのです。

「5点間違ったのは、どの問題だろう」と特定して「答えを間違えていた」原因を突き止めて、それが自分の記憶ミスなら、覚え直して、理解の間違いなら、改めてよく考えて、理解を修正する。それで終わりです。

間違った5点についてフォローをしないと、「何度も同じ間違いを繰り返す」のです。

いわゆる「反省」は、三重の意味で、問題があります。一つ目の問題は、「物差しを当てる」ことです。本来は「価値判断しないで観察すること」が必要です。二つ目の問題は、「物差し」自体を持っていることです。本来は、物差しを捨てなければなりません。三つ目の問題は、「間違いの原因を探そうとする」ことです。本来は、「間違いの原因を修正する」ことがするべきことです。だから、ややこしいのです。

こういう「反省」よりも「内省」をお勧めしたいと思います。

「内省」は、「良い悪い」ではなく、「自分の本心」を物差しにします。

「本当はしたかったけれどもしなかった（できなかった）こと」

「本当はしたくなかったけどしてしまったこと」

「本当は言いたかったけど言わなかった（言えなかった）こと」

「本当は言いたくなかったけども言ってしまったこと」

「本当は考えるべきでなかったけど考えてしまったこと」

「本当は考えるべきだったけど考えなかったこと」

のそれぞれを、思い、言葉、行動の側面から観察します。ただ観察して、それで終わりです。

「自分の本心」とは、「神性」「魂」からの「その在り方は、愛ではないよ」と教える声です。

こういう「内省」は、直感と感情が拠り所なので、難しくありません。

第七チャクラの活性化

第七チャクラは、高次の自己（魂、ハイヤーセルフ）に関係します。

意識のクリーニングを続けていると、自然に、魂の思いがわかるようになります。「どうなりたい」という強い希望が湧いてくるようになります。そうしたら、その思いを否定せずに、実現させる具体的な展望を描くことが大事です。分析したり、対策を立てたりしないで、「こうなりたいというビジョンを描いて、その思いを強く持ち続けます。そうすると「ハイヤーセルフとの共同創造」が始まります。

創造原理は、魂（うずき、希望）と、精神（思い）と、言葉と、行動が、ピッタリ一致したときに働き始めます。言い換えると、全身全霊で願い、語った物事は、いつか必ず実現します。例えば、もし、意思が強くなりたかったら、「私は意思が強い」と言葉にして言う。その時、言葉に願望を乗せるだけでなく、すでに叶ったことを、感情も込めて体感することが大切です。

第八チャクラの活性化

第八チャクラは、次世代の集合意識に関係します。

第八チャクラは、キリスト意識とつながる場所なので、ここが活性化すれば、日常の出来事を、「良い悪い」の二極性を超えた、神の視点から俯瞰できるようになります。

このチャクラを活性化させるクリーニングは、「異質な存在」「悪と見える存在」「自分を害そうとする相手」に対して、いかに「赦しと慈悲」の心で、自分の心の平和を維持できるかということです。「赦し」を実践しようとしたときに、このチャクラとハートチャクラがつながって、ハートから、必要な赦しのエネルギーが流れ出します。

自分が相手であり、相手が自分であることを実感している、マスターの境地です。

今回の地球のアセンションでは、多くの人が、このチャクラまで開くことになるでしょう。

「赦し」とは、相手がしていることを、判断も批判もせずに、ありのままを受容して、外側から俯瞰して眺める姿勢です。

別の言葉でいうと、自分に攻撃してくる相手や、反社会的な行為をする人、ニュースの記事になるような人を「不道徳なことをしたダメな人だ」とレッテル貼りして、簡単に「悪人」と決めつけて終わらせない、ということです。

その人が、そういうことをしてしまうに至った、さまざまな原因があります。生育環境だったり、会社でのストレスだったり、その性癖を身につけるまでの歴史があったはずです。

「なぜ、この人は、こういうことをするんだろう」「何がそうさせているんだろう」「そもそもこの人は世界をどう見ているんだろう」と、相手に「無条件の関心」を向けます。

例えば、「怒りを露わにしている人」「攻撃する人」は、「自分が害される」と思って防衛のために相手を攻撃します。「恐れ」から「自分を守る」ためにそうしています。

何の理由もなく他者を害する人は、あまりいません。誰でも、「その人の価値観」からしたら、「正しいこと」をしています。誰もが、同じ「神性」を持っているからです。だから、どんなに変わった人であっても、本来は、お互いに理解可能なのです。

「受容」とは、まず「相手の見ている風景を」「あたかもその人になったように」同じように見て、共感的に理解することから始まります。

例えば、ベジタリアンのAさんが「力が出ない」というのを聞いて、肉が大好きなBさんが「それはあなたが野菜ばかり食べているからだよ。肉を食べれば元気が出るよ」とアドバイスしたとします。Bさんは、自分の価値観の枠組みの中から、Aさんのことを評価、判断するだけで、Aさんの信条や価値観を理解しようとしてはいません。おそらくAさんがベジタリアンなのは、Aさんは、肉を食べると気持ちが悪くなって体が受け付けないからです。Aさんは Bさんの言葉を不本意に感じるでしょう。一方で、Bさんは、自分の思

い の中で、無意識のうちに優劣意識による決めつけ（「自分が正しい」という思い込み）をしていることに気がついていません。この優劣意識が争いの種であることはすでに述べました。

この例は食べ物の嗜好《しこう》の話なので、ある意味でどうでもいいことですが、善悪の問題になると、そうはいきません。現実の戦いの種になり得ます。ある人にはその人自身のリアルな背景に基づく価値観の枠組みがあり、あなたにはあなたの価値観の枠組みがあります。もしあなたが、「無条件の愛」に価値を置く第四密度の人で、相手が「全てを支配する」ことに価値を置く第三密度の人だったら、互いの意見は噛み合わず、もちろん同意することはできないでしょう。でも、「同意」はしなくても、何かそこに至る原因があると思って、「尊重」することはできます。

神の目から見たら、良い悪いはありません。「無条件の愛」がよくて「全てを支配すること」が悪いとは神は考えていません。もちろん神も「全てを支配する」意識レベルが、まだ未熟な意識であり、「無条件の愛」が進化した意識だとは思っています。

でも、第三密度の人も、ある時期が来たら、必ず進化、成長していきます。時期は、いつになるかわかりませんが、神はじっと気づきを待っています。神が裁かないのであれば、私たちも、神と同じ目で彼を見て、彼の成長を神と共に祈って、成り行きを見守るべきでしょう。

私たちにできることは、慈母のような、受容性の器になることです。

本人が、いくら凶暴な人間でも、自分を防衛しなくてもいい、自分のありのままをさらけ出せる、母性的な環境があれば、対話を始められるでしょう。それが変化のきっかけになる可能性もあります。もちろん、悪いことは悪いのです。してはいけないことは、しっかり教えなくてはいけません。でも、裁きながらそうするのではなくて、寛容な思いで包み込んでそうすることもできると思います。

そのためには、こちら側も、悪を知り尽くして、騙されない知恵を持つことが必要です。でも大丈夫です。私たちは、すでに、さんざん悪を体験しています。もしあなたが、今回、悪を赦す立場にいるのなら、過去世のどこかでは、おそらく、彼と同じような、悪いことをしていた可能性があります。そういうときは、相手の考えていることが、手に取るようにわかるはずです。

まず感情体のクリーニングから

みんながエネルギー体をクリーニングしてきれいになり、意識の波動を上げれば、それだけ地球のアセンションの日が近づくでしょう。

そのために、この章では、意識の使い方について、基本的なことを説明しました。

地球の波動が上がっているので、エネルギーのバランスが崩れ、心身に不調が起きます。感情体の浄化が大事です。過去世に起因する感情のトラウマが、今世の病気の原因だったりします。その経緯も、今世の計画も、ハイヤーセルフは全部知っています。今世で清算できるように、計画を立ててきていますから、意識のクリーニングを続けていけば、いつか必要な記憶を思い出して、必ず癒されるはずです。

低位の自己から、高位の自己に、中心を移動させることは、人類が種として、当たり前に成長するプロセスです。一足先に、意識の進化を体験したあなたは、自分の周りの人の意識の変化を助けることができます。

これで第五フェーズを終わります。

王の言葉⑤

意識の
クリーニングを
怠るな

USA

フェーズ6
人類に必要なのは新たな物語
「新地球アルス」という都市伝説

地球人というアイデンティティ

第六フェーズでは、地球と地球人の創造の物語についてお話しします。

「自分とは何者か」というアイデンティティの拠り所になるのが、自分のルーツです。「自分はどのようにして生まれたのか」「自分の父母は誰か」は、誰でもが気になることです。

今、私たちは、地球人としてのアイデンティティを持っていません。せいぜい、自分は「大和民族だ」「ゲルマン民族だ」「アーリア人（白人）だ」「黒人だ」という程度の視野しか持っていません。

「自分は黒人だ」と思っている人が、被害者意識を持つと、ＢＬＭ（ブラック・ライブズ・マター）運動が、「白人の人種差別主義と戦おう。自分の意見を通すために暴力を使ってもかまわない」というような、過激なイデオロギーを、自分のアイデンティティにしたりします。

空っぽの自分を満たすために、「良い悪い」を判断する物差しである、どこかの誰かの思想を使い、その思想を生きることをもって、自分のアイデンティティとします。みなさんの周りにも、そういう方はいませんか。

宗教や政治は、イデオロギーそのものなので、一番、この落とし穴にはまりやすいのです。共産主義は、一つのイデオロギーで、そのイデオロギーの中で生きる人が、想念エネルギーの構造体を作るので、思想体系自体が、あたかも生きた人格のように働きます。

そのエネルギーが、ある組織の特定の権力者に同調して（憑依と言ってもいいでしょう）その人にエネルギーを与えたら、その人は、「本当の自分」とは関係なく、思想自体として活動を始めます。

宗教も同じです。誰かが考えた「あなたには生まれながらに罪がある」「天国に入るには、罪を償わなければならない」という信念体系をアイデンティティとした人は、洗脳が解けるまで、カルト宗教を支えるためにお金と時間を使うでしょう。

多くの組織に見られる官僚主義も、組織上の役割を、自分のアイデンティティにしてしまった結果です。

このように、何を自分のアイデンティティとするかは、とても大事です。

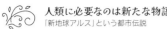

今、地球には、「地球人」としてのアイデンティティを確立する環境が整いつつあります。一つは、グーグルアースです。今では当たり前ですが、誰でも簡単に、地球の姿を、宇宙からの視点で眺めることができるようになったことは、人類の意識に大きな影響を与えたと思います。

もう一つは、宇宙人についての、スピリチュアル情報です。「地球の中で争っている場合ではない」という感覚を持つことも大事です。

ただ、一番大切なのは、「地球人」としての視野を与えてくれる、新しい神話です。なぜなら、何度もいうように、人間は誰でも、自分の物語の中を生きていくからです。

機能不全に陥った過去の神話

「自分は、日本の、どこそこという街で、なになにをしている、誰々という親のもとに、いつ生まれた。そして、このように育ち、こういう出来事がある中で、こういうふうに生きてきた。だから、自分とはこういう者だ」

という物語があるから、私たちは精神を保っていられます。

日本に、天皇陛下がおられて、どの町内にも、一つの神社があることは、私たち日本人を、自分のルーツと結びつけてくれる神話の証明として、心の安定を与えてくれます。

日本人の精神を破壊しようとすれば、天皇制をなくして、神社を壊せば良いのです。地上から、神社の痕跡がなくなったら、10年も経たないうちに、日本人の精神性は衰えていくでしょう。

ただし、そういうことは、八百万の神々が、絶対にさせません。日本の国を守る神々がいて、人々の集合意識がおかしな方向に行かないように、管理しています。

ちなみに、それは、高天原からエネルギーを送るというようなことではなくて、元々高天原におられる、神道系の神様クラスの魂が、日本人として転生してきて、例えば、今だったら、影響力のあるユーチューバーになって、政治的な意見をいう、というようなことをしているわけです。

さて、西側の先進国は、概《おおむ》ねキリスト教国ですが、キリスト教が拠り所にする神話は、旧約聖書です。中東のあたりで起きた出来事を記した、ローカルな物語で、そこに登場する神は、怒ったり、人を罰したりします。

その神は、本来は誰のものでもない土地を、（勝手に）誰かに与えます。本来は、誰もが自由なのに、他人を支配する権限を、(勝手に) 誰かに与えます。見方によっては、とても身勝手な神です。しかも、人類の祖先であるアダムとイブは、神の命令を守らなかったので、楽園を追放されます。よく考えると、メチャクチャな話です。

日本人からすると、かなり不健全な神話です。こういう神話をアイデンティティの拠り所として、国の文化を創ったら、神話の神の真似をして、人の土地を勝手に奪い、自分の欲望を満たすために人を支配してなんとも思わない感性が育つ可能性があります。

思うに、世界各国の民族神話は、機能不全に陥っています。現代では、誰も、おとぎ話のような神話を拠り所にできないので、科学が宗教に成り代わって、唯物主義が蔓延してきました。唯物主義は無神論です。

魂が空っぽの人

「空っぽの人」が、共産主義などのイデオロギーに同化します。「空っぽの人」とは、神とつながっていない人のことです。空っぽの人は、生きている実感が持てません。唯物主義者は、空っぽなので、イデオロギーを求めます。

「空っぽの人」は、スピリチュアリティを否定し「人間は物質である」という神話を信じています。

自分の内側に、実在する愛のエネルギーが流れている人は、何もしなくても、自分が存在していることがわかり、自分に価値があると思い、嬉しい、楽しい、ワクワクする、何かをしたい、というような、自分の活動を動かす、内側からのうずきが、自然に出てきます。

自分の内側に、愛があるから、他者にも愛があることがわかるし、自分も相手も同じ愛であるから、一つであることが理解できます。そうであれば、他者の自由を奪い、こちらの考えを強制するなど、思いもよりません。

ところが、「空っぽの人」は、空っぽであるが故に、「自分が存在している」という感覚が持てません。いつも何か「価値のあること」をしていなければ、自分に「存在の意味がある」という感覚が持てません。

そういう人は「空っぽ」であるが故に、自分の存在が消えることを極度に恐れます。「誰かを支配する」ことで「自分が何者か」という存在証明をしなくては、自分が消えてしまいます。従って、際限なく、他者をコントロールし、他者から奪い続けようとします。最後には、世界の支配自体が生きる目的となります。

新しい皮袋

今起きている混乱の根底には、「霊性を見失った人々」と、「愛と癒しを使命とする人々」の間の、深い部分での葛藤があります。

地球が新しい次元に上昇するためには、「愛と癒しを使命とする人々」が、「霊性を見失った人々」との二極対立を超えた意識に上昇し、「霊性を見失った人々」の目覚めを導く必要があります。

そのためには、まず、人を裁き、罪と罰を与える旧い神々を崇める態度を、まず自分がやめなくてはなりません。

イエスは「新しい葡萄《ぶどう》酒は、新しい皮袋に」と言いました。

地球が、第三密度から、第四密度に上昇するときに、新しい人類の意識にふさわしい、地球人のアイデンティティの背景となる、大きな物語が必要です。

ここで、スピ系で知られている、宇宙時代にふさわしい、新しい神話を、さわりだけ紹介したいと思います。どれが正しくてどれが間違いとは考えていません。むしろどれにも真実が含まれていると思います。

目の不自由な人が、象を撫でる話があります。ある人は、尻尾を触り、象はホースのように細長いと言います。ある人は耳を触り、象は団扇《うちわ》のようだと言います。同じ象を、違う触感から語っているので、二人とも間違っているわけではないのです。部分部分を見るのではなく、全体を上から見ることが大切です。真実は、それが「象だ」ということです。

「象」がどのようなものであるかは、自分の想像力で作り上げればいいでしょう。どのようなものであれ、自分がそれを「本当らしい」と信じることができれば、その信念が、それにふさわしい、新しい体験を創造していきます。

地球が創られた目的

アメリカ人のチャネラー、リサ・ロイヤルが書いた『プリズム・オブ・リラ』という本と、日本人のチャネラー、アマーリエが書いた『プロジェクト エデン』という本がありますす。私ジョウスターは、この二つの物語は、アセンション後の地球人の意識の入れ物にふさわしいスケール感を持つ神話の一つではないかと感じています。

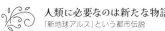

この二つの物語を俯瞰して、組み合わせると、全容は、だいたい以下のようなストーリーになります。

地球は、「新たな愛の挑戦」をする場所として、意図して創造されました。「偶然」にできた惑星ではないということです。

天の川銀河の意識と太陽系の意識が、ある目的を持って地球創造のプロジェクトを計画し、わが地球の惑星意識が、自由意志で、特別な使命を引き受けたのです。

その目的とは、魂の進化の停滞という、全宇宙的な課題を解決するために、地球人が、大いなる可能性を示すことです。

「進化の停滞」とは何かを一言でいうと、「異質な魂（価値観）を排除する」ことにより、すでに進化した惑星から、さらなる進化への活力が失われたということです。

なぜ「異質な魂を排除」したかというと、進化した惑星が、かつて宇宙を二分する戦争（オリオン大戦）を経験したことが原因です。オリオン大戦は過酷を極めました。戦争は終わりましたが、どの惑星も、自分の星にネガティブな存在を混じらせることを、徹底して拒否するようになりました。その結果、それぞれの惑星には平和と調和が訪れましたが、同時に、飛躍的な意識の進化も起こらなくなりました。

人間の意識は、異質なものと対峙して、葛藤する中で、それまでの在り方よりも高い「本当の自分」を発見することができます。それが、異なる価値観を持つものを排除することで、進化のダイナミクスが起きる可能性も排除するという、文明の蛸壺《たこつぼ》状態に陥ってしまったのです。

オリオン大戦は、元を辿《たど》れば、物質宇宙の創造によって生まれた人間型生命体の意識が、独自の進化を遂げるうちに「内なる宇宙を探究したいグループ」（陰）と「外宇宙へ出て支配したいグループ」（陽）の二極に分かれたことに端を発した、イデオロギーの違いが原因でした。

一つの極は、身体を持たず、他者を癒したり、奉仕したりする、高次の意識存在に進化しました。もう一つの極は、物質の肉体を持ち、物質世界の支配とコントロールだけを考え、すぐに輪廻転生《りんねてんしょう》する、ネガティブな意識存在に進化しました。

その中間に、ポジティブとネガティブ、肉体を持ったり、持たなかったり、また霊性が高かったり低かったりと、いろいろな種族ができてきたわけです。

これは、現に宇宙で起きている事実であるので、それをいい悪いと言っても始まりません。それぞれの宇宙種族たちは、自分たちが一番正しいと思っているし、それで構わないと思っているわけです。

オーム宇宙の肉体の心臓にあたる、天の川銀河意識は、その流れを変えたいと思いました。高次のエネルギーと低次のエネルギーを相互変換して統合するのは、ハートの役割だからです。

その流れを変えていくには、どんなに理屈を言ってもダメです。実際にやってみせて、どうすれば統合ができるのか、統合したら何がどう変わるのかを、見ている人たちに、自分で考えさせないといけないわけです。

「ドメイン」と「アヌンナキ」

別の言葉で言えば「二極」を統合するドラマの舞台として、「宇宙の縮図」である地球が創られたということです。

「意図的にデザインされた」という観点が非常に重要です。この視点からは「偶然」に地球環境ができ、「偶然」に地球人の肉体ができたという神話は否定されます。シュメール神話をもとにした「地球で自然発生していた類人猿に、ニビル星人のＤＮＡを入れて、ホモサピエンスが創られた」という近視眼的な解釈は信頼性が失われます。

この「ニビル星から来たアヌンナキ」の話は、ゼカリア・シッチンという考古学者が、シュメールの粘土板に書かれていた物語の断片を組み合わせて、豊かな想像力で書き上げた一種のファンタジーだと考えます。

「創造主は宇宙人だった」という主張ですが、シュメール人に文明を伝えたのが宇宙人である可能性はあるでしょう。しかし、アヌンナキの物語全体が旧約聖書のパラダイムをそのまま残していて、一部を書き換えているだけのものなので、視野が狭く、宇宙時代の新しい「精神の入れ物」になりうる器を備えていません。それに、神々の振る舞いが、あまりに野蛮で、淫乱です。デヴィッド・アイクは、ゼカリア・シッチンを、ロスチャイルドの工作員だと考えています。

そのほか、「アヌンナキ」の正体は、次の章で詳しく紹介する「ドメイン（領域）」の調査隊であり、彼らは、任務の傍ら、良いことだと思って、神々として振る舞っていたという情報があります。単に、シュメール人が騙されていただけ、という可能性があります。

「ドメイン」とは、1947年にロズウェルで墜落したUFOの乗組員である「エアル」が明かした、彼女が所属する宇宙種族の呼び名です。「エアル」によれば、「ドメイン」は物質宇宙の4分の1を領土として管理しています。

彼女たちは、肉体を持たない高度に進化した生命体で、サイババやイエスなどのように、物質化現象で自由に肉体化して現れることができるようです。

この「ドメイン」が何者なのかは明かされていません。ただ、「物質界と非物質界の双方のレベルに現れる」のはシリウスの集合意識の特質なので、シリウス系の宇宙人である可能性があります。

プレアデス人のチャネリング情報である『プリズム・オブ・リラ』によれば、イルミナティのグループは、当時肉体を持って地球にやってきた一団で、ネガティブな方向に進んだシリウス文明の影響を受けていました。

「ドメイン」はネガティブとは言えません。となると、「ドメイン」の調査隊(アヌンナキ)は、イルミナティのグループ(レプテリアン)ではない可能性が出てきます。レプテリアン(爬虫類人)ではないけれども、地球人の前に現れる時の形態として、爬虫類人の姿を選んだ可能性があります。

シュメールの神々は、王家の血筋をめぐって骨肉の争いをしています。少なくとも集団意識を持った宇宙人が、個別意識(エゴ)を丸出しにした低レベルの争いはしないはずです。「ドメイン」は、自分たちが征服する対象の種族とは対立するでしょうが、「ドメイン」同士が対立することは考えられません。「レプテリアン」と「ドメイン」は別の種族である可能性があると考えます。

「イルミナティ」と「レプテリアン」

イルミナティのグループの哲学は、「魂が宇宙と一つであること」を否定するもので、極めて「自己中心的」であり、自分たちを「選ばれた存在」だと考え、己の「行動に対して責任がない」という信念を持っていました。

エジプトのセト神殿の神官が崇拝していた「暗黒の力」（黒魔術）は、この哲学を地球的に解釈したものです。

おそらくこのグループが「レプテリアン」でしょう。

となると、大胆な仮説ですが、シュメールの神官は「レプテリアン」と「ドメイン」の両方と独占的に交流し、教えられた文明の成果物を独占し、なおかつ、民衆との関係では、支配のツールとして、神々の物語を創った可能性があります。

というのは、その時、地球にはすでにルシファーがいました。神官は「黒魔術」で、ルシファーに完全支配されていた可能性があります。

シュメール神話において、アダムとイブが知恵の木の実を食べたというのは、「宇宙は、原初は二極に分離していなかった」という知識のアーキタイプでしょう。

実際には、当初から、すでに多くの人間は、低次の自己のエネルギーを中心に生きていたはずです。

つまり、エデンの園以前は、人間には邪悪な部分がなかったというのは、創作でしょう。おそらく、シュメール神話のかなりの部分が捏造《ねつぞう》で、それが表向きリニューアルされた旧約聖書にそっくり移植され、暗黒のオカルト儀式を引き継いだ今の地球の支配層が、支配の道具として使い続けてきたのでしょう。その裏には、常にルシファーがいたと考えれば、とてもスッキリ理解できます。

さらに言えば、現在、「地球人を攻撃し、侵略する宇宙人」というイメージを広めているのは、イルミナティと軍産複合体です。地球に来ているほとんどの宇宙人が、愛と光の存在である中で、「宇宙人は恐ろしい」というイメージを作って、将来の自作自演の宇宙戦争の種蒔きをしているのです。

新たなドラマの舞台として選ばれた地球

話が脱線しましたが、物語の全体像を見れば、「アヌンナキが人類の肉体を創造した」という話より「地球人の肉体を創造するために、宇宙連合が関与し、宇宙中の遺伝子を集め、そして、多くの銀河系ファミリーの宇宙人が関わって、地球人の肉体を創造した」という話の方が、ありそうなことだと思います。この話題については、第九フェーズで取り上げます。

さて、地球の惑星意識は、太陽系の意識の思いを受け、地球を「多様な価値観」を体験できる星とするために、宇宙中から、さまざまな個性の魂たちを募り、移民として受け入れました。つまり、地球は、アメリカのような多民族国家となるべく計画されたのです。

地球は、多くの魂を生かすことができるよう、水と緑の豊かな星となりました。水が豊富であるのは、それだけ生命エネルギーが豊富だということです。地球を、生命を創造する力の豊かな星にするために、大きな月を持つことになりました。月は地上の生命体に女性性のエネルギーを与えます。

それに加え、地球意識は、さまざまな葛藤のカルマを持つ存在、例えば、オリオン大戦で帝国側や革命側として戦った魂、今は小惑星帯となっている、母星マルデックを滅ぼした魂、かつて緑と水があった火星を破壊した魂など、あらゆるネガティブな存在たちも受け入れました。

彼らは、表面意識では自分の出自を忘れていますが、無意識の衝動によって、過去に自分がやってきたことを、そのまま地球で再現しています。

よく、日本は世界の縮図だと言われますが、移民の国であるアメリカは、宇宙の縮図だと思います。今、アメリカで起きていることは、まさに宇宙で起きている二極対立の縮図なのです。

アメリカで行われている文明実験と改造人間

アメリカの建国の父たちは、「神とつながることによる本当の自由」を拠り所に、異質な存在を調和させるという、壮大な文明実験を行おうとしました。これは宇宙全体の「二極の統合」の地球的なモデルです。

アメリカ人は、現在、神への信仰を元に生きる保守系の人々と、軍産複合体、グローバリスト、共産主義者など、異なった価値観を持つ、左翼系の人々の二極に分かれています。左翼系の人々は、神とつながることを拒否します。神とつながると、全ての人が、平等で同じ価値を持つことになるので、「支配とコントロール」ができません。彼らのいう自由とは、全ての構成員が、生来の生きる権利を享受する自由ではなくて、一部のエリートが世界を思うままに支配する自由のことです。

「神とつながる自由」とは、自分の野獣性、欲望を手放して、霊性のままに、全ての人に奉仕する自由です。

一部の左翼系の人々を動かしているものは、「恐れ」です。彼らの恐れは、「存在」に関わる恐れです。彼ら自身が普段、隠れてしていることは、他者を脅しや暴力で支配すること、騙して奪うこと、保身のために嘘をつくこと、口封じのために殺すことなど、あらゆる悪事をしています。

しかし保守系の人が「左翼系の人は、他者とイデオロギーで対立するので、分離意識。一方、保守系の人は、愛を行動原理とするので、統合意識。左翼は分離だからダメ、保守は統合だからいい」と言った時に、自分も分離意識に落ちてしまうのです。

地球人の中にいるオリオン大戦の落武者

アメリカ人の中にも、日本人の中にも、地球に転生してきた「オリオン大戦」の残党がいますが、彼らも、地球人の肉体に入れば、地球人の集合意識の影響を受けます。

地球人の多くは、一神教の、厳格な神を信じています。つまり、「罪を犯せば、罰せられる」という信念を持っています。

「オリオン大戦」では、スター・ウォーズのようなことが起きましたが、実際には、その1000倍も暗黒の社会でした。世の中の、一番、最悪の共産主義によって、人々はコントロールされ、闇に包まれていました。

彼らには、地球人のような「罪を犯せば、罰せられる」というブレーキがなかったのです。だから、いくらでも暴走できました。そもそも、「悪い」という概念がないのですから、「支配したい人たち」の行為を止める術がありません。

言い換えると、地球人の潜在意識の中には「嫉妬深く、自分勝手で、支配する神」のイメージが根深くあるから、「根っからの悪人」であっても、大っぴらに悪をなすことができないのです。

グローバリストや軍産複合体は、陰で無法なことをしますが、「法がある」ことまで無視できるわけではありません。実際には彼らの勢力はごく少数だからです。そうであれば、彼らとの戦い方は、「彼らの悪事を、全ての人の目に触れるようにする」ことです。情報開示、つまり「デクラス」の意味はここにあります。

また、例えば、全てのお金の流れを、誰もが見られるようにしたら、「悪いことをしている」ことが、人々から見えてしまいます。そうなったら、たとえ悪いことを考えていても、実際にはできなくなります。それは、「悪いことをしてはいけない」という、強烈な想念エネルギーが、全ての地球人の潜在意識に脈打っているからです。

一方で、宗教を悪用して、連綿と、人々のコントロールを続けていた人たちもいましたが、地球を創造した「本当の神々」は、これまで根気よく、さまざまな宗教を通して、人類に「善悪」を教えてきました。その効果が出ているのです。

おそらく、進化した星では、地球のように、たくさんの、刑事罰はないでしょう。必要がないからです。でも、地球では、正義を守るために、無数の法律が作られ、法律の専門家が養成されました。犯罪者の異常心理学も発達しました。さまざまな精神疾患のケアの方法も発達しました。これらを、地球が誇るアセットと言わずしてなんでしょうか。

オリオン大戦では、サイキックが戦いのツールとして使われました。

暗黒時代に、帝国側は惑星にエネルギーの網を張り巡らし、革命側の魂が網にかかって出られない、オリオンの惑星の中でしか生まれ変われないようにしていました。一部の僧侶たちは、瞑想により、死んだ魂がネットの外に出られる方法を知り、脱出を図りました。しかし、地球に来た魂にはトラウマがあり、地球に来た後も、自由を切望しているにもかかわらず、虐待された子供のように、オリオンの二極性を地球に持ち込みました。

帝国側も、一部の自由の戦士が地球に逃げたことを知ると、その後を追いかけてきました。そして、帝国側も地球で転生しています。

地球は二極の統合の場所

地球を創造した本当の神々は、「これはゲームに過ぎない」と知っていました。しかし、オリオンで二極性を演じた両サイドは、忘却の奥まで進み、それを忘れました。実は、彼らがオリオンから地球に移動したことが、統合に向かう道でした。地球は、二極性の葛藤が、最終的に癒される場所なのです。

地球では、約1億年前に、地上で霊道を開くことが禁止されました。これにより、サイキックな戦いはできなくなりました。言霊、つまり、魂と精神と思考を一致させることでしか、創造のパワーを行使することはできなくなったのです。

もちろん、現在でも、闇の勢力は、黒魔術で悪魔の力を借りていますが、それは少数で、かつてのような、破壊的な力を出すことはできなくなっています。

2000年前に、地球での二極の統合のために、もう一つ重要な出来事が起きました。

イエスは、地球人の中で最高度に進化したマスターの一人ですが、彼は、自分を磔《はりつけ》にした敵のために祈りました。罪を憎んでも人を憎まなかったのです。イエスの「在り方」に倣《なら》って、霊性を高め、殉教《じゅんきょう》をした弟子たちが数多く出ました。彼らは、新たな地球人のプロトタイプです。彼らの姿もまた、西洋人の潜在意識に強く焼きつきました。

「異質な価値観の人々を、愛によって統合する。異質な存在がいても、その中で調和して、惑星全体が進化発展していけることを実証する」という、困難な意識の挑戦をしているのが、地球です。アメリカで起きていることも、このような宇宙的な視野で眺める必要があります。

アメリカ人は、キリスト教の理念で建国された国です。従って、アメリカの国としての集合意識の中には「自由」だけでなく「赦し」の理念も入っています。

アメリカは衰退するという人がいますが、私はそうは思いません。アメリカこそ、二極の統合のドラマが行われている場所だからです。

日本人の使命と魂

一方、日本人は、太古から、統合の遺伝子を守ってきた民族です。グローバリスト勢力や、ディープステート勢力が一掃され、地球に古い「善悪二元」の宗教が必要なくなった時に、日本人が持つ「自然との融和」の感性が広まっていく可能性があります。そのためには、日本人が日本人らしくあり続けることが大事なのではないでしょうか。

私たちは、この困難な意識の挑戦のクライマックスに立ち会い、地球を文字通りの愛の星にするために、できることをして貢献したいと思って、この時代を選んで、日本に生まれてきました。

アメリカのシャスタ山の下に、テロスという地下都市があります。と言っても、3次元の物理世界とは、少し次元が異なる世界です。地球人の意識の波動が上昇した時に、物理世界も少し波長が変わり、テロスと同じ次元になります。その時、テロスの人々が姿を現します。

彼らは、レムリア文明の末期に、アセンションを果たした人々です。レムリア文明の生活様式を、地球のアセンション後まで保存することを使命としています。

彼らを率いているのは、金星に関係する9次元霊です。「天御中主神《あめのみなかぬしのかみ》」という日本の神様は、テロスにいるこの9次元霊と、魂的に関係があると言われています。「天御中主神」は、生長の家の谷口雅春を指導した霊人の一人ですが、アメリカの指導霊の一人でもあります。谷口雅春は、エマソンのトランセンデンタリズムなど、アメリカのスピリチュアルな思想や、当時の心理学の技法を翻訳して、生長の家の教えに取り込みました。

となると、レムリア、日本、アメリカは、精神性において、地球の統合に関係している可能性があるということです。日本は、アメリカで行われている二極性の統合のドラマを、精神的に支援する立場にいます。アメリカは陽、男性性の国、日本は、陰、女性性の国です。女性性のエネルギーには、癒しと再生の力があります。男性の力を気高く純化していくのは女性の力です。強いものには巻かれろ、というように、ただ服従するのではなく、アメリカが正しい方向に向かうように、何が正しいことなのかを積極的に発言し、癒し、再生させる役割を担うことができるはずです。

二極性とは何か

これまで、二極性についての説明をちゃんとしていませんでした。ここで二極性とは何かについて、わかりやすく説明してみたいと思います。

地球で文明実験が行われることになった原因も、元を辿れば二極性の問題に行き着きます。今に至るも、二極性による宇宙人たちの葛藤は解決されていません。

まず宇宙の全てを表す円を描きます。この円には宇宙の全エネルギーが入っています。この円の中は、完全にバランスが取れています。

宇宙はワンネスであり、元々自己の全てを完全に理解していました。しかし、完全な愛であり、知でもある自分を「体験」するには、「自分でないもの」になる必要がありました。その時、ある思考が生まれました。「自分自身を知らないという感覚はどういう感覚だろう」という思考です。それで、宇宙は、円の中にもう一つ、小さな円を描きました。ちょうどドーナツのような形になります。

内側の小さな円は、宇宙が、自分の中に別の領域を産んだことを意味します。それはちょうど子宮のようなものです。ここでは「自分を知らない」という感覚が体験できます。このことを二極性と言います。もっとも、自分を忘れているというのは幻想なのですが。

やがて、この小さな円の中に、物理的な宇宙ができました。これが二極性の世界です。私たちは、今、二極性の幻想の中にいます。

物理宇宙は、プラスとマイナス、エネルギーと物質、肉体と霊魂など、物事が二対で表現される世界です。物理宇宙に、肉体が生まれ、進化していきました。

小さな円の中では、さらなる断片化のプロセスが起きました。昔のディスコにあったミラーボールを思い浮かべてみてください。一つの球体だったガラスが壊れて、いろいろな角度を持って、それぞれのパーツが、お互いに分離しています。

まず、グループコンシャス（集合意識）という、肉体を持たない存在ができてきました。グループコンシャスは真ん中に近かったので、これが大いなる実験だと知っていて、自分の本質を覚えていました。彼らは、「創造の礎《いしずえ》」と呼ばれました。さらに二極性を探究するために、さらなる断片化が進んでいきます。破片が小さくなっていけばいくほど、自分自身が何者なのかわからなくなります。

元々、あらゆる意識、あらゆるエネルギーは、「大いなる全て」つまり神の一部でした。私たちの自己意識が、源から切り離された感覚を持っていること自体が幻想なのです。

実は私たちは、この大きな円とその中の小さな円、すなわちドーナツの中の存在ではなく、ドーナツ全体であり、今私たちがここにいる肉体はイリュージョン（幻想）なのです。

悟りとは、全体である本来の自分を思い出すことです。思い出すとは、マインドではなく、全身全霊で思い出すことです。

宇宙の創造

「大いなる全て」が、小さく分かれるために、次元の分裂が起きました。これが「宇宙の創造」と呼ばれるものです。

次元の分裂は、宇宙のホワイトホールを通してなされました。ホワイトホールは、プリズムのような働きをします。「大いなる全て」の一部の意識から出た意識が、ホワイトホールを通るとき、7つの自覚ある波動に変化しました。これが以前に述べた、7つの密度です。

同時に意識の分裂が起こり、個々の意識は、ビッグバンのように離れていきました。

銀河系の種族では、琴座（リラ）にあるホワイトホールがルーツとなっています。宇宙の他の銀河でも、同じ時期に、同じことが起きていたと考えられます。

一旦創られた魂を、さらに小さく分割していくことで、魂の数が増えていきました。私たちの魂も、元を辿れば、宇宙創生と同時にできた、神の一片ということです。

物質とは、周波数で振動するエネルギーです。次元の分裂は、個別意識ばかりでなく、物理的宇宙の恒星、惑星、気体、分子なども創り出しました。

「創造の礎」たちは、思念で自分自身を分割して、個別意識を創り出しました。彼らは、あるものは物質的現実に入るために、人間型生命体の生存に適した惑星を選び、エネルギーを適度に物質化し、第三ないし第四密度の肉体存在になれるように導きました。

時が経つにつれ、個別意識たちは肉体的な存在として生きることに慣れていき、「創造の礎」たちの手を離れ、爆発的に拡散していきました。銀河系では、リラ人の他に、ベガ、ゼータ・レチクル、アルクトゥルス、シリウス、オリオン、プレアデスなどの種族が誕生しました。これらの宇宙人は、どれも太古の地球と関係がありました。

このような創造のドラマは、銀河系だけでなく、宇宙全体の規模で起こっていたことだと考えられます。地球の創生にあたり、地球に集められた神々は、宇宙の二極性によるドラマを完全に知っていたことから「創造の礎」と同じような意識レベル（第六〜第七密度）の存在だったのではないかと推測します。始まりに関係した者が、終わりにも関わるのが普通だからです。

この章では、新たな地球人の意識の入れ物になる、物語について考えてみました。

第三密度の意識は、形態にこだわります。イルミナティが、捏造された暗黒の聖書の予言（地球が破滅する時にキリストが再臨する）を現実化させようと躍起になっているのは、そのためです。

第四密度の意識が選択する新しい神話は、形態レベルの物語ではなく、理念のアーキタイプです。その全体像は、何者かが決めるものではなく、新たな世界を創造する一人ひとりが、神様から自分に託された、ジグソーパズルのピースを発見して、それを出し合って、全体のマップを描いていくものです。

これで第六フェーズを終わります。

王の言葉⑥

宇宙時代の物語を生きよ

フェーズ7

オリオン大戦がもたらしたもの

スピリチュアルの
究極テーマに挑む地球人

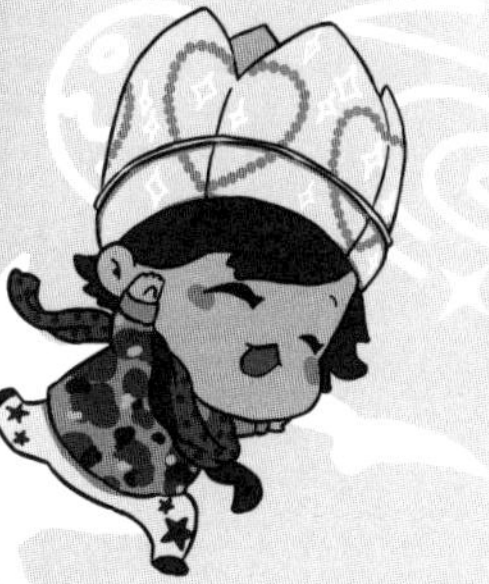

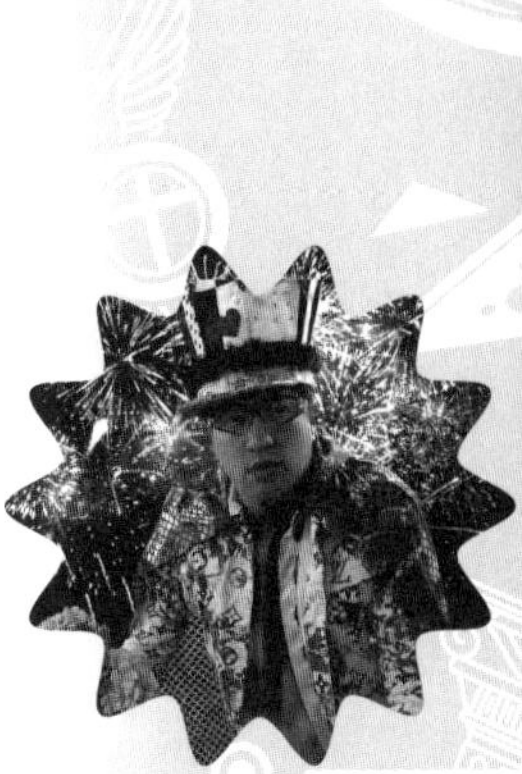

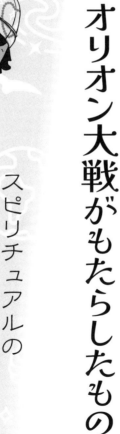

地球人の過酷な契約

第七フェーズに入ります。いよいよ、新地球アルスの実現に向けての情報を共有したいと思います。

私たちの多くは、少なくとも、数十万年前、長い人は数億年前から、地球で転生を続けています。目的は地球で「愛の学び」をするためです。

「愛」とは、私たちの精神や肉体の奥深くに隠された「神性」のことです。「神性」は、誰の内にもあります。動物の内にも、植物の内にもあります。

互いの「愛」の表現を通して、互いの「神性」が交流して、互いが一つであることを思い出した時に、至高の「愛」の感情を体験するようになっています。別の言葉で言うと、「私たちは離れていない」という体験です。

その体験のために、地球という、特別な分離の世界があり、その世界を彩る存在として、多様な価値観を持つ、個性ある魂たちが、志願して地球にやってきたのです。

誰もが、真実の「愛」を求めていますが、互いに「愛」を表現するためには、どのような個性でも受け入れてもらえ、お互いが自分自身の正直な心情や思いをさらけ出すことができる、心理的・物理的に寛容な環境が必要です。これまでの地球は、そうではありませんでした。地球をそういう愛に満ちた環境にすることが、今の時代を生きる私たちの役割の一つであると考えます。

私たちが、今ここに存在している本来の目的は、いかなる時も「愛」である自分を表現することです。外の世界が変わる（変える）ことは、私たちが愛の存在である（となる）ことの結果であって、それ自体が目的ではありません。できれば、人生の時間の多くを、「愛」が何であるかを体験するために使いたいものです。それ以外のことは、霊的な価値観からすれば、些細なことだからです。

さて、地球人のこのような使命を果たすために、私たちは、厳しい契約を交わしました。強制ではなく、完全な自由意志によってです。

それは、地球人が、目覚めを選択するその日まで、「自分が何者であったか」を忘れるという約束です。潜在意識の深いところにある「神性」という神の本能を頼りに、地球で転生を始めました。

その体験は過酷なものでした。

生まれたての赤ちゃんには、「自分」という意識がありません。しばらくして、お母さんと自分が分かれているという分離の感覚が出てきます。その後、いろいろな成長課題をクリアしながら自我を作っていきます。自我は、地上の人生でまとう衣装に過ぎないのですが、いったん生まれると、それを自分と勘違いしてしまいます。

人間は、牛や馬などと違って、母体の中で成体になって生まれてくるわけではありません。動物は、産まれるとすぐ四つ脚で立ちますが、人間は、そうはいきません。母親の保護と愛情がないと、正常に育ちません。

動物には人間のような高度な精神がないので、身体が成熟するとすぐに繁殖を始めます。人間は、口唇期、肛門期、エディプス期、いわゆるギャングエイジ、思春期など、精神的な成長が一生涯続きます。生まれてすぐの時に、母親が不安定で、無条件の愛情を注げないと、パーソナリティ障害の原因となったりもします。

不完全な状態で生まれてくるということが、魂の学びをするための初期条件のバラエティを生み出します。転生によっては、マイナスからスタートし、その負債を返すために、一生の時間を使うことも起こり得ます。

でも、それもこれも、織り込み済みです。光と闇を体験する場所である地球では、好都合であるという見方もできます。

死んであの世に帰ると、地上で創ったアイデンティティは、本当の自分ではなかったことに気がつきます。そして、迎えにきた仲間や天使たちに導かれて、幽体を脱ぎ捨て、魂だけになって、霊界に帰ります。霊界に帰ると、そこで「自分とは何者か」を思い出します。

今回の人生は、どういう計画だったのか、その結果はどうだったのか。自分は今回の人生で霊性を高めることができたのか。他の人々のために自分の人生を役立てることができたのか。そういうことを反省します。

このサイクルを繰り返して、魂の中に、気づきと知恵を蓄積して、愛のエネルギー量を増やしていくことで、自分の魂のレベルを上げていきます。もちろん、場合によっては、下がることもあります。

私たちは、地球の霊域の中で、こういう転生を、何度となく繰り返してきたのですが、多くの人にとって、半ば強制的に行われてきた、地球での転生のサイクルは、今回が最後になります。というのは、地球人の集合意識が、ゲームの終了を選択したからです。

今回の地球のアセンションによって、地球での学びを終えて、別の進化した星に一団で移住する魂たちもいます。短期契約で地球に派遣されてきた、科学者や芸術家などの専門的な魂の中には、期間満了に伴って、元の星に帰る人もいます。あるいは、スペースエンジェルとして、地球と進化レベルのよく似た星の進化のためにサポートに赴く魂もいます。

多くの人は、アセンション後の地球に残って魂の進化を続ける選択をすることになるでしょう。第四密度に上昇した新たな地球では、ネガティブな意識を持ちにくくなるので、転生の目的は、もっぱら愛を創造する体験が主眼になります。なお、アセンション後は、地球霊界に4次元領域がなくなります。最後まで地獄界に居続けようとする人たちのために、移住先として地球に似た別の星が用意されていると言われています。

ネガティブな宇宙存在

さて、個人の意識レベルの上昇に伴い、惑星全体の、集合意識の波長が上昇します。

今、地球は、第三密度の星から、第四密度の星に変わりつつあります。

すでに述べたように、第四密度までが、肉体を持つ意識レベルです。

ちなみに、ここで、第三密度が分離意識、第四密度が集団意識という時、そこに「良い悪い」という価値的な意味合いを含みません。宇宙には、「良い悪い」がないからです。

集団意識であっても「愛」の目的を持たない文明は「あらゆるものを支配する」ことを目指します。「支配された側」からすれば、自分たちの自由が侵されるので、相手のことを「悪い」存在だと思うかもしれません。その世界では、最も力の強い存在がずっと一人勝ちすることになります。

肉体を持つ宇宙人の中には、科学レベルは高度に進化していても、他の種族から奪い取ることを、当然と考える種族がいます。彼らは、そのことのおかしさに気がついていません。成功のあまり傲慢になっているのでしょうか。

宇宙の種族の中には、(他の種族から見て) ネガティブな存在がいるということです。そういう種族が、嫌われたり、敬遠されたりしているわけです。地球とよく似ていますね。

彼らは、「自分が」神であるという信念を持っています。しかし、実際には、階級社会ができ上がっています。「自分が」神であるというのは、実は無神論の一種です。

これに対して、多くの霊性を進化させた宇宙存在は「大いなる一つ」を認めており、自分を「大いなる一つ」の一部であると考えます。その世界では、逆説的に、階級社会ができません。

レプテリアン

ここで、都市伝説界隈で有名な、「レプテリアン」の話をしたいと思います。

レプテリアンは、爬虫類から進化した宇宙種族で、デヴィッド・アイクは、第四密度の存在だとしていますが、個別意識が強いことから見ると、第三密度の存在ではないかと思います。彼らのルーツは、おそらくシリウスのネガティブ存在でしょう。

レプテリアンは、ドラコニアン等と共に、イルミナティの後ろにいる存在としても有名です。

イルミナティは、レプテリアンと人間の女性の交配によってできた、ハイブリッドの人間で、その血統が、古代のエジプトの神官から現代まで続いており、少数の血族が、企業や銀行や政府や国際機構をコントロールしています。

彼らは非常に臆病で、恐れによる自己防衛のために、世界を支配しようとします。表の顔では、金融（お金）や軍事（暴力）やメディア（騙し）の手法を使いますが、裏側では、黒魔術とオカルトを使って活動します。長い間、自分たちの存在を隠してきましたが、地球人の覚醒が進んだためか、彼らの企みは都市伝説・オカルト界隈では、よく知られるようになりました。

レプテリアンは、意識レベルは第三密度ですが、彼らのマテリアルの肉体の周波数は、地球の物理世界と違うので、我々とは別の周波数帯にいます。それは、地球の幽界とも違います。あくまでも、マテリアルの世界です。

彼らの地下基地は、物理的な地球ではなく、波長が違う地下世界にあります。幽霊が壁を通り抜けるように、レプテリアンは、硬い地面をすり抜けて、地球の内部の基地に帰還します。都市伝説では、同じような基地が、月や火星にもあると言われています。

デヴィッド・アイクによれば、爬虫類である、レプテリアンと混血したことが、人間の小脳（爬虫類脳）の起源だということです。爬虫類脳が、性欲や食欲、危機回避能力などの本能の源であり、それがさまざまな混乱の要因であるとします。

それを間違いと断定することはできませんが、そのような器質的な要因で、人間の魂が隷属状態に置かれているという見方には賛成できません。

私は、地球に人類がやってきた初期に、「地球の神々」が「過酷な地球環境でも生き延びることができる肉体をつくるために、遺伝子操作で爬虫類人とのハイブリッドを創造した」という説に賛同したいと思います。

逆に、人類に現に爬虫類脳があることが、地球人の肉体先祖が、宇宙から円盤で来たことの証拠になります。その時に作られた肉体とDNAは、途中で、いろいろな宇宙人との交配があったにしても、今に至るまで途切れることなく続いていると考えます。

爬虫類脳は問題ではない

爬虫類脳に起源を持つ、本能的な欲望（エス）の衝動は、人間が成長する時に、教育によって作られる超自我（イド）によるコントロールで抑圧され、精神的に欲望は克服され、成熟した自我（エゴ）が作られます。

これはフロイトの研究ですが、自我は主に、母親との関係、他者との関わり、社会的な役割などからくる葛藤によって成熟していきます。人間は、その時に、愛について、多くのことを学ぶわけです。

肉体があり、肉体の生存を維持する爬虫類脳があればこそ、豊かな精神活動ができるので、爬虫類脳には、良い面もあるのです。

ところで、デヴィッド・アイクは、ある人たちが、自分は「王家の血筋」(言い換えるとレプテリアン)であると知っており、極力、「ブルー・ブラッド」という彼らの血統の維持に努めてきたので、爬虫類としての特性が強く、人種的に異なっているとしています。具体的には「他人に対する共感の欠如」「支配へのあくなき欲求」「自己愛的なパーソナリティ」が特徴として見られるそうです。

そうかもしれないし、そうでないかもしれません。確かに、人格は、遺伝的なもの、血筋や体質にも影響を受けますが、多くは、生育環境や、教育(考え方や行動の真似をして育つこと)によるものです。

本来、自己とは「魂」なので、魂の足腰が強い人は、どんな環境で育ったとしても、理性が勝つのです。誘惑に負けるのは、ただ、心が弱いからです。言い訳はできません。理性を働かせるように、自分を訓練すれば良いだけなのです。過去の宗教家が「克己」のための訓練をしてきたのは、このためです。

イルミナティの血族に生まれたとしても同じです。レプテリアンの言いなりにならない自分を選ぶ自由はあったのです。ジョージ・ソロスは、少年期に、それとは気づかず、ユダヤ人を迫害する仕事に協力していたことを語っています。彼は、小さい時から、ロスチャイルドの代理人としての信念体系を植え付けられました。９０歳を過ぎた今も、そのプログラム通りに、ロボットとして動いているだけです。

彼にはお金と権力はあるでしょうが、「自由意志」はありません。彼もまた「教育」によって洗脳された犠牲者と言えるでしょう。

本来の「自由意志」は、実在する内なる神の「愛のエネルギー」から始まります。

幻想である「恐れ」を動機として、恐れを回避する動機からするのであれば、いかなる大事業をしようとも、心の満足は得られません。

ジョージ・ソロスのような「思考レベル」「精神レベル」だけで活動している「愛のない」「空っぽ」な人間は、新たな地球には適応できません。

地球人は記憶を消されて囚われている？

都市伝説・オカルト界隈では、レプテリアンが、土星の幻想のエネルギーを、月を通して地球に送り、精神的な牢獄を作っていると言われています。

他の宇宙人の情報でも、地球の周囲には、電磁波による記憶喪失装置が仕掛けられているとされていて、どうもそれは事実のようです。

その情報を語ったのは、先ほど紹介した、1947年に、ロズウェルで回収されたUFOの乗組員（「エアル」という名前の士官・パイロット）でした。彼女は、月の幻想マトリックスシステムのことを、科学的な語彙《ごい》で語ったのです。

彼女の仲間の一個大隊3000人が、地球での探索の任務中に、行方不明になりました。宇宙人が地球で死ぬと、地球人としての転生プロセスに入ります。そうすると、自動的に記憶が消されます。次に生まれると、地上的なさまざまな神話や物語によって、記憶が上書きされるので「自分が元々何者だったのか」を忘れてしまいます。

エアルの仲間は、彼らを発見しましたが、記憶が変わっており、任務に戻すことはできませんでした。また、行方不明者の一部は、イルカやクジラとして転生していました。

地球の実情を知らない、非常に進化した宇宙人からすると、地球は恐ろしい場所であり、宇宙の「監獄」であると思われています。

実際、地球に送られてくるのは、母星において、天才的な科学者や発明家、芸術家、政治家でありながら、体制に従わない「アンタッチャブル」であり、加えて、凶悪犯罪者、薬物中毒者、精神異常者と見なされた者たちです。

地球は地軸が不安定であり、マントルが液体なので、地殻変動や火山活動が起き、鉱物質の星なので重力が強く、永続的に平和に暮らすには、不向きな場所だそうです。

また、銀河の中心からはるかに離れていて、宇宙船が移動する際の中継基地として以外には役に立たない、僻地《へきち》なのだとか。だから、宇宙人の目から見たら、地球は、監獄以外に使い道のない星だと評価されています。

確かに、現在、大多数の地球人は、ある意味で「嘘の記憶」を持ちながら、魂の転生を重ねているとも言えます。地球人の集合意識が、それを意図的に選んできたのですが。

それは、地球では、「何者であるか」とか「何をするか」よりも、自分が何者であれ、何をしているのであれ、「どう生きるか」「どう在るか」の方を、重視してきたからです。地球のゲームの目的は、過酷な環境の中で魂を進化させる、大いなる挑戦なのです。

「エアル」という宇宙人は「自分は調査隊の科学者だ」という、一つの役割意識を、20億年も持ち続けています。彼女のミッションが変わらない限り、新たなアイデンティティを持つことはないでしょう。

彼女は同じことを20億年もやっているので、知識や技能は圧倒的に進化しています。彼女は、嘘の記憶を強要されている地球人（実は、地球人が自ら選んだゲームなのですが）と比べて、自分ははるかに優れていると思っています。彼女は、地球の環境に下手に近づいてそのトラップにはまってしまうことを非常に恐れています。

しかし、科学を最高度に進化させた宇宙人と言っても、自分の種族が一番であるという、旧い地球人に見られる、プライドと自己愛が垣間見られるところを見ると、もし彼女が地球に転生したら、おそらく「4次元レベル」の魂と評される可能性がないとは言えません。

何十億年もの間、宇宙の進化に寄与してきたことは、賞賛に値しますが、命をかけて、というより「存在をかけて」霊性の進化に取り組んでいる、我々地球人から見たら、愛のない人生が本当に幸福なのかどうかわかりません。

地球の周りに張り巡らせたエネルギー的なバリヤーによって、ほとんどの地球人の魂は、地球領域の外に出て自由に転生することができなくなっています。

高度に進化した宇宙人は、時空間は自分の意識が創造すること、意識は偏在していることを理解しているので、宇宙空間のどこにでも、どの時代でも、移動することができるそうです。もちろん「エアル」もその一人です。

「エアル」によれば、地球人の中にそれができた魂がいて、それは、「老子」だそうです。彼は、幻想のマトリックスを自在に超えることができました。インド系のアメリカ人の中には「意識を偏在化させる」能力を持つスピリチュアルなマスターがいます。現在、アメリカでUFOとの公式コンタクトのプロトコル（手順）を普及させているある団体の指導者もその一人です。霊能力と霊性には関係がないと言われていますが、彼のように高度に進化した先生クラスの魂になれば、自由にマトリックスを抜け出すことが可能でしょう。

普通の「生徒役」の魂は、完全に「嘘の記憶のトラップ」「幻想のマトリックス」の中に閉じ込められています。

幻想を見抜く時代がやってきた

これまで何度も語ってきた、地球の「第三密度」から「第四密度」への変化は、地球人が一斉に、この「幻想のマトリックス」から抜け出すことを意味します。「魂」のレベルで生き始めることで、誰もがそうなるのです。

イルミナティは、地上の世界における、リアルな「幻想のマトリックス」である、コントロールシステムを構築してきたフロントマンでした。彼らの悪事がリアルタイムで暴かれるようになったのは、地球の波動が上昇したからです。

彼らの幻想のマトリックスが有効なのは、約1億年前に、ルシファー存在が地獄に落ちたことをきっかけに、地上の人々がそれまで持っていた霊能力を閉じられたからでした。霊的な感覚を開いたままにしていたところ、地獄霊の惑わしによって、地獄に落ちて、霊界に戻れなくなった人が続出したためです。

霊道を閉じる措置は今でも続いていますが、意識の覚醒によって、直感力や、テレパシー能力が開いてきます。特殊な訓練をしなくても、日常を「克己」「利他（奉仕）」の思いで暮らしていれば、魂との会話を通して、自然に自分のハイヤーセルフとつながります。

ちなみに、アトランティス時代には、地球人は、ある種の霊能力を持っており、サイキックな力を戦いに使っていました。

月の「幻想のマトリックス」は、デヴィッド・アイクが言うように、宇宙人のエネルギー装置によって作られたものかどうかは、よくわかりません。

イルミナティが、オカルト的なシンボルや、本や、映画、メディアの記事などの、さまざまな「物語」を通して、集団催眠的な手法を使っていることは、間違いないと思います。

しかし、地球はそもそも究極の二極性を体験するために創られた星です。愛を体験するためには、対極にある幻想が必要です。幻想を作り出すのは「不安」のエネルギーです。「不安」のエネルギーを使って、人間自身がさまざまなネガティブエネルギーを創造するのですが、そもそもの「不安」のエネルギーは、神ご自身が創られたものです。「不安」のエネルギーのない物質宇宙は存在しません。「不安」それ自体が「悪」なのではなく、「幻想」を「幻想」として見抜けないことが、根本的な問題なのです。

「幻想のマトリックス」から抜け出すのが早い人も、遅い人もいます。それぞれの人にベストのタイミングがあるので、わからない人は、そのままそっとしておきましょう。

非二元の哲学の源流

「エアル」によれば、「ヴェーダ讃歌集」がドメイン遠征軍によって地球に持ち込まれたことで、地球の宗教に、ある種の混乱が生じました。彼らがヒマラヤ山中に基地を置いていた時、地元の人間の一部にヴェーダの歌を教えたため、それがインド中に広まり、ヒンドゥー教などの源流になりました。実はそれは、彼らにとっては「グリム童話」のような文学でしたが、婉曲《えんきょく》で比喩的な詩の表現が「神々」による「真実」と見なされました。それが神智学の源流になっています。

このエピソードから推測できることは、「ドメイン」の意識が、非二元の思想と関係している可能性です。

彼らのドグマはこうです。

「全ての感覚のある存在たちは、不死のスピリチュアルな存在である。これには人間も含まれる。それを『IS―BE』という。なぜなら不死の存在の第一の性質は、彼らが時間のない『IS（存在する）』という状態の中で生き、彼らの存在の唯一の理由は、彼らが『BE（そうなる）』ということを決めるからである」

「『IS―BE』たちは宇宙が始まる前からいた。彼らが不死なのは、『スピリット』は生まれたわけではなく、死ぬこともできないからであり、その代わり自分で設定した『在る―これになる』という感覚に基づいて存在しているからである」

「全てのスピリットは同じではない。一人ひとりがその独自性、力、認識と能力において完全に独自である」

「社会の中で彼らの地位がどれだけ低いものであれ、全てのＩＳ―ＢＥは、私自身が他人から受けたいと思う敬意と待遇に値する。地球の一人ひとりの人間は、彼らがこの事実に気づいていようがいなかろうが、ＩＳ―ＢＥであり続ける」

彼らは、非物質の存在ですが、彼らが「自分は神である」と思っている自分（ＩＳ―ＢＥ）の存在を支えているのは、神なのです。神が思いで彼らの存在をあらしめることをやめたら、彼らの存在は消えるのです。もちろん、神は全ての被造物を愛しているので、そのようなことはしません。

物質宇宙は幻想です。幻想の宇宙の中に、彼ら自身が神として幻想の宇宙を生み出し、その中に住んでいる可能性があります。幻想の宇宙を創造し続ける巨大な魔術師のようです。

「エアル」の言葉を注意深く読むと、彼らは、愛によってではなく、創造の使命感によって、創造をし続けているようです。「IS—BE（創造主）」としてのドグマ、イデオロギーによって、自己の存在証明をし続けているように見えます。

彼らは、高度に進化した科学を持っているものの、地球的な尺度から見れば、霊性の高い次元、言い換えると、愛のエネルギーである神と親和性の高い周波数帯にいるとは思えません。彼らの世界観からは、物質世界で永遠に生きるか、死んでもすぐ物質世界に転生することが理想のようです。もしこれを無神論とみれば、地球的な価値尺度からは、4次元相当の存在と評価される可能性があります。その専門性と思想的な影響力を考えても、せいぜい6次元と評価されるのではないでしょうか。

なお、イエスは若い頃にインドに行き、ヴェーダの教えを学び、この哲学からヒントを得ています。原始キリスト教は、イエスのオリジナルの教えなので、実在する神の愛のエネルギーが基本になっており、このドメインの哲学とは異なるものだと思います。

「ドメイン」とは何者か

「ドメイン」とは何者か。インタビューだけからでは、よくわかりません。少なくとも、オリオン大戦の「帝国側」の当事者ではありません。肉体はグレイですが、それは宇宙船での移動のために一時的に使っている乗り物であり、ただのドールなので、地球人から感情を学ぼうとしているゼータ・レチクル星人ではありません。

インタビューの内容を読むと、オーム以外の別の宇宙からの視点を実感として持つ存在なので、今回のオーム宇宙ができる前（オーム宇宙のはるかな過去世）から続いている存在である可能性もあります。

「ドメイン」は、銀河系宇宙で、「創造の礎」が愛を使って行う創造行為を、別のやり方で行っている可能性があります。

「ドメイン」が地球人と関わっているとなると、地球人の挑戦は、「ドメイン」に影響を与え、さらに別の宇宙に影響を及ぼす可能性もあります。

「ドメイン」が、宇宙人の究極の進化系の一つであるとすれば、対極にあるのが、「アルクトゥルス」です。アルクトゥルス人は、地球人の、未来の進化の理想形だと言われています。彼らは、第六密度の存在で、物質の肉体を持ちません。同じく肉体を持たない、ポジティブなシリウス人（の一部）とアルクトゥルス人の連合体が、「肉体を持たないエネルギー体」として、地球での癒しに関わっています。

シリウス人は肉体の癒し、アルクトゥルス人は感情の癒しを専門としています。アセンション後の地球人は、肉の身を持った存在でありながら、彼らのような、愛と光だけの存在に進化していくことになります。

「エアル」のような宇宙人が創造する、非二元的な宇宙が、最後まで幻想であるのに対し、地球人が創造する宇宙は、実在である神の愛がそのまま投影された宇宙です。(幻想であると同時に実在)

高度に進化しているけれども、霊性の進化が止まっている宇宙人を、目的のない創造と果てしない組織化から解放するのは、「大いなる全て」の一部としての自覚だと思います。

アセンション後の地球では、一人ひとりが、自分の居場所で、日々関わる他者と共に、愛の共同創造をすることが当たり前になります。いつかその姿を「エアル」のような宇宙人に見せてあげたいものです。

地球での転生ゲームの終わり

今から15年～20年前のことを覚えている人がいたら、あの当時、世界がどう見えていたか、今は、世界の見え方がどう変わっているか、感じられるのではないでしょうか。

最終章で紹介しますが、２００８年に、次世代の地球人のために、外宇宙の情報保管庫（アカシックレコードの図書館）とのネットワークができました。

旧い地球では、全ての人が、同じ現実を体験していましたが、新しい地球では、個々の波動に応じて、違った現実を体験するようになっています。

今、ほとんどの人が、テレビではなくてＳＮＳから情報を得ているのは、この変化の象徴です。これは、「意識のドミノ倒し」の前触れです。ただし、「次世代集合意識」からの情報と見せかけた「旧い意識（分離意識）」からの情報があるので注意が必要です。

地球人類が、幻想のマトリックスから目覚めつつあるのは、地球人の集合意識が「忘却のゲームをやめよう」と決めたからです。きっと、必要な体験はもうやり尽くしたということでしょう。

読者のみなさんの中には、間もなく帰天される方もおられるでしょう。帰天したときに、全ての種明かしがされます。その時、地球での「マスタークラス」修了証を手に入れることになります。

生きている間に、地球がアセンションする可能性もあります。そうしたら、生きている間に、全ての記憶を回復する可能性もあります。

第四密度に上昇するということは、個人の転生の記憶だけでなく、地球人類の計画についての記憶を思い出すことでもあります。

自分が、地球人として、ジグソーパズルのピースの一つとして、「地球のアセンション計画」のどの部分を担おうとしていたのかを思い出すのです。

自分が「人類の進化のために」「分離した宇宙の統合のために」「自分の能力をどう生かすか」という文脈で、「何をしようとして」地球に転生し、実際に「この何億年の間に何をしてきたか」という計画を思い出すはずです。この本は、その一助となる、人類のアセンションプロジェクトの全体像を描く試みの一つです。

自分の中で、宇宙規模でやってきたことの全体像を収めることができた時に初めて、「オリオン大戦」における自分のカルマがバランスするはずです。その覚醒者の数が、地球人の集合意識の中で一定の閾値《いきち》に達した時、宇宙全体でもカルマがバランスするのではないでしょうか。そうなったら、「ルシファー」存在もいらなくなります。もちろん、地球に「イルミナティ」もいらなくなります。俯瞰した見方からすると「ルシファー」「イルミナティ」は、宇宙全体の集合意識が作り出した幻想だからです。

つまり、現象（結果）である、「イルミナティ」や「ルシファー」を、何か実体のあるものとして捉えて、対処する必要はないのです。あくまで私たちの中の、原因である思い、「悪はある」という見方を取り除くことでしか、現象を変えられません。

「そこに悪い人がいる」ということは「自分を害する出来事の責任は自分にはない」という意味です。実際はそうではありません。自分が体験する出来事は、文字通り、全て自分が作った原因の結果です。それがマスターの理解です。悪人がいてもいなくても、その体験をしたはずです。

「自由意志」と「自己責任」の考えを、どこまで自覚的に貫けるかが、マトリックスを抜け出す鍵だということは、すでに述べました。

過去に宇宙規模で行われてきたことの残像が、地球の中で再現されて、誰もが目に見えてわかるように演じられています。自らの映し鏡である、地球人の姿を見て、宇宙人たちも、自分が何者であったかを知るのです。

「ルシファー」「イルミナティ」が体現する「悪」は、神の体の中には、元々存在しなかったものです。その役割を引き受ける存在が必要だから、ただ現れただけです。もちろん、彼らは「自由意志」でそうしているのですが。

「オリオン大戦」では、「犠牲者」「加害者」「レジスタンス」のそれぞれが、相手に対する否定的な行動を通して、肯定的な状況を生み出そうとしてきました。今の地球で行われているのはそういうことです。

この状況を変えるのは、人類の意識レベルの上昇です。繰り返しになりますが「克己」と「利他（奉仕）」です。

「克己」とは、「自由意志と自己責任を貫くこと」です。利他の思いとは「外界の現象にかかわらず、愛を生活の中で実践すること」です。相手がどうであれ、自分の良心に照らして、自分の側の愛と正義を貫くことです。

これは、肉体を持った状態で（つまり爬虫類脳が働いている状態で）実践するのは極めて難しいのです。それを、魂の力で行うのです。

これは、これまでの伝統的な宗教で言われてきたことと同じです。アセンションや霊性の進化について語っていても、「自由意志がある」とか「結果責任は自分が負う」ということを語らないマスターは、偽物である可能性があります。

地球意識が願うこと

地球は今回、銀河系のあらゆる意識レベルの魂が、地球に転生することに同意しています。高いエネルギーも低いエネルギーも、どちらも許容できる、特別に霊性が高い存在だと言えます。別の視点から言えば、特別に霊性が高いからこそ、自ら限界領域まで波動レベルを下げて、あえて星ではなく地の球になることを選択し、「惑星地球」でありながら、自ら他の惑星にエネルギーを与える「恒星」に変容を遂げることを魂に刻印して生まれています。

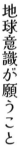

今後、地球と共に人類も変容して、魂の惑星から魂の恒星へと進化するプロセスを地球自身は願っています。それは、人類が、闇に対して圧倒的な光をもって「赦し」と「慈悲」のエネルギーを発する存在になることです。繰り返しになりますが「赦し」は外側に「悪」がないと表現できません。

宇宙では依然として、地球ほど激しくありませんが、価値観の対立が続いています。「相手の価値観を尊重すること」「互いの自由を尊重すること」肉体を持つと、たったこれだけのことができないのです。自分の中に相手を否定する思いが潜んでいることに気づいてさえいません。それができるようになることが、地球という惑星が作られた目的だと言えます。

地球の、惑星としての環境を準備することも、人体を用意することも、簡単な仕事ではありませんでした。

今回の文明では、プレアデス人や、爬虫類系の宇宙人との交配があったということが、神話に残されています。それはおそらく事実だろうと思います。でも、何度もいうように、私は、アヌンナキが、「類人猿」から人類を創造したという見方には賛成できません。近視眼的に過ぎます。三億数千年前に、宇宙船でやってきた人々が、肉体の地球人の祖先であると考える方が、自然だと思います。

彼らは、宇宙の果ての、科学が非常に進んだ星から、あえて、地球で一から進化をやり直すためにやってきました。彼らを率いてきたのは、その星の9次元霊でした。その時、ある戦争犯罪人を地球に連れてきました。それがルシファーです。その意味では、確かに地球は、監獄のような場所なのです。

その頃、地球には、3体の9次元霊がいました。地球意識と、3体の神々は、彼らを受け入れました。ルシファーは、元々は、オリオン大戦の首謀者であり、オリオン大戦の終結後、戦犯として、更生のために地球に送られてきました。ルシファーは、『鬼滅の刃』

の鬼舞辻無惨《きぶつじむざん》のような存在だと思えばわかりやすいでしょう。イルミナティが、「黒魔術」でつながっているのは、この存在です。

彼は、地球に来てからしばらくの間は、大天使というポジションを与えられていたけれども、約1億年前、中東の王として転生したとき、元々の悪の傾向性が目覚めました。地上で悪事の限りを尽くし、死後、霊界に帰ることをミカエル大天使により阻止され、エクスカリバーの剣で、地獄の最下層に封印されたとされています。

人類は、約1億年前に、深い忘却の底に沈みました。それ以来、ルシファーのほか、レプテリアンや、イルミナティに、意識、物質の両方のレベルで操られてきました。

でも、源の神と離れている彼ら自身は、「第三密度」の分離意識から出られません。

彼らは、我々人類が、愛の次元に上昇することを恐れています。彼らがコントロールできない世界だからです。それで、必死に、人間が「大いなる全て」の一部であるという知識を隠そうとしています。でも、それはもう無理です。アメリカで、日本で、世界中で、覚醒はどんどん進んでいます。

第七フェーズは、これで終わります。

王の言葉⑦

不安を跳躍のバネとせよ

フェーズ8

ハイヤーセルフとの共同創造

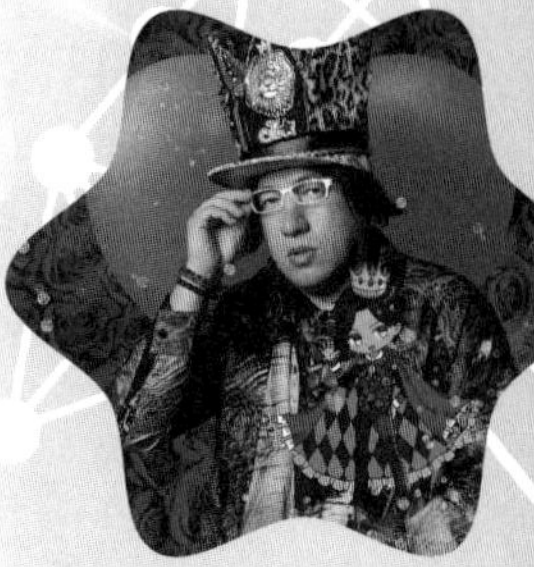

オカルトから意識進化のマスターへ

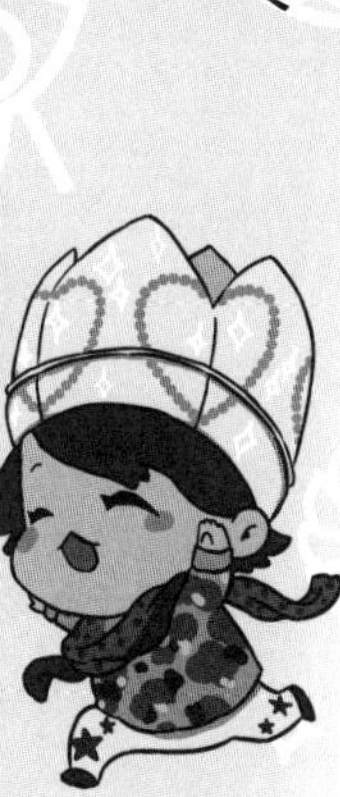

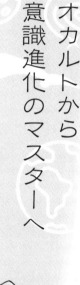

意識を上昇させるために

第八フェーズに移ります。

第五フェーズで、意識を第三密度から第四密度に上昇させるための、主に内面にアプローチするやり方を見てきました。この章では、さらに、第四密度から第五密度に上昇させる方法について考えます。第五密度のテーマは、自分をエネルギーとして認識し、他者や環境と一つになり、ハイヤーセルフと融合することです。

第四密度は、肉体を持つ意識の最終段階です。地球人の多くは、今回、第四密度に上昇することが目標ですが、地球人の一部は、今回、肉体を持ちながら、第五密度の意識レベルまで上昇することを目指しています。第五密度は、本来肉体を持たない宇宙人の意識レベルです。

意識について、４つの象限に分けて整理してみます。縦軸として集団意識と個別意識のベクトル、横軸として、愛のエネルギーと不安のエネルギーのベクトルを考えます。第三密度の典型は、個別意識と不安の象限で、第四密度の典型は、集団意識と愛の象限です。

ただし、進化した宇宙人の中にも、集団意識でありながら、愛よりも不安のエネルギーが優っている存在がいることはすでに述べました。

「集団意識と愛」の象限の意識は、具体的には、一体意識（自分と他人は分かれていない）、平等意識（誰もが等しく価値がある）、分かち合いの意識（分かち合えば、必要なものは十分にある）などの感覚を持ちます。

「個別意識と不安」の象限の意識は、具体的には、分離意識（互いにバラバラである）、不足意識（必要

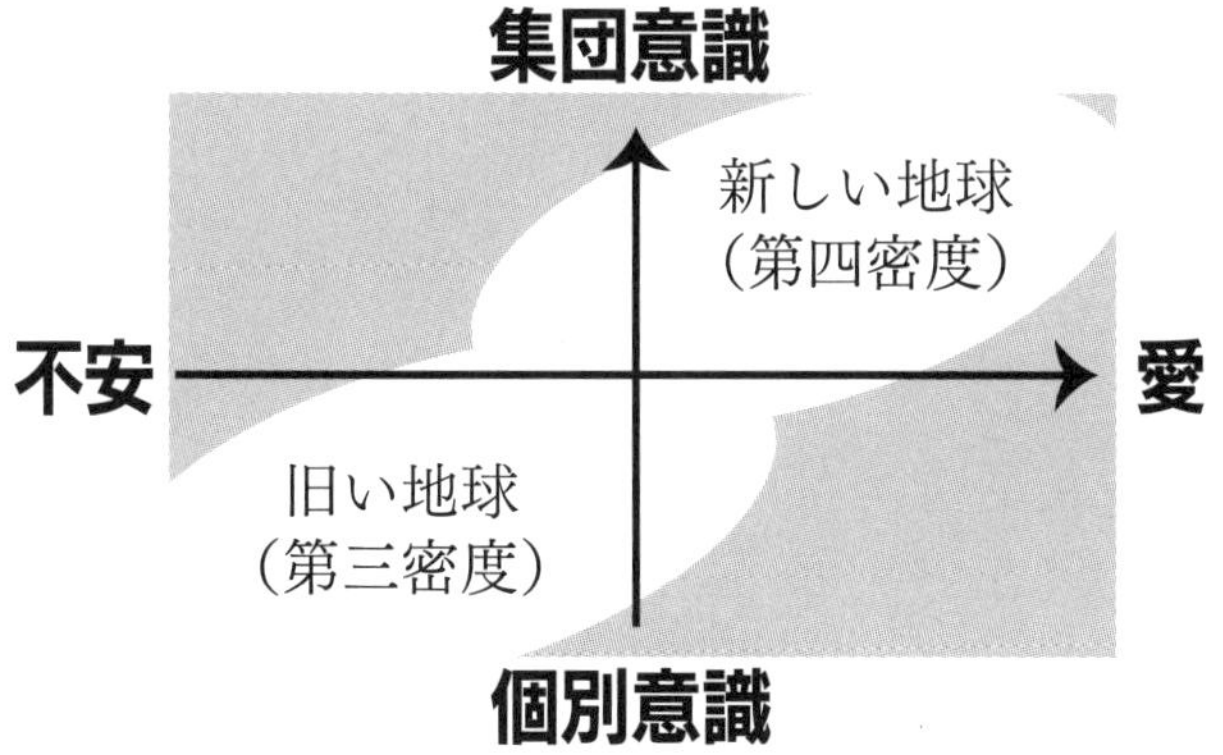

なものは不足している）、優劣意識（優れたものと劣ったものがいる）、適者生存（強いものが勝ち残り、弱いものは淘汰される）などの感覚を持ちます。

第五密度は、肉体を持たないので、集合意識となり、第四密度より、意識が広く、愛が深くなります。地球においては、多様な価値観が存在するので、このレベルの意識は、特に愛が寛容さ（赦し）として表現されると考えられます。

意識を第五密度に広げるには、自分を、個別意識から、自他一体の意識へ、さらに地球と一つになる意識へ広げるように心がけます。自分を肉体だと思っていると、物理的な形にとらわれるので、意識を広げることはなかなかできません。自分を魂、つまり、神の体である「愛のエネルギー」の一部が自分として現れていると思うようにすれば、自分の範囲を広げることはそう難しくありません。

ワンネス意識になる

手塚治虫の漫画『ブッダ』の中に、こういう場面があります。森の中にいたブッダに、ある人が、弟子にしてほしいと懇願しました。ブッダは、その人にこう言いました。

「どんな仕事をしていようと、どんな身分であろうと、悟ることができるのだ。いつも次のことを考えなさい。今、自分は何をしているのか。自分のしていることは、自分にとって大事なことなのか。人にとって大事なことなのか。大勢の人にとって大事なことなのか。国じゅうにとって大事なことなのか。世界の人にとって大事なことなのか。この自然にとって、あらゆる生き物にとって大事なことなのか。よく考えなさい。そして、もしそうでないと思ったらやめなさい。なぜなら、この世のものは、みんなひとつにつながっているからだよ。」

ここでは「ワンネス（一つであること）」とは、「原因と結果」を考えて、意識を広げて選択することだと説かれています。

スピリチュアルの古典である『神との対話』には、「意識のドミノ倒し」の話が書かれています。ワンネスに目覚めた人が、人口の2〜4パーセントを超えた時、全体の目覚めが起きます。その時、地球全体が、一気に第四密度の意識レベルに変化します。

ワンネスとは、「私たちは互いに一体である。神と一体である。全ては一つである」という認識のことです。

ワンネス意識になるためのワークは、次のようなものです。

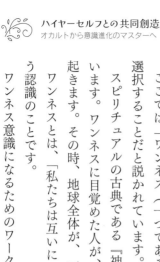

例えば、朝の散歩をしている時、道端に咲く花を見たら「ここに花である自分がいる」と思ってみる。向こうから、知り合いの山田さんが歩いてきたら「あそこに自分である山田さんがいる」と思ってみる、というものです。

意識を山田さんの隣に移動させて、山田さんから世界がどう見えているかを想像してみます。山田さんの思考や感情を、自分の気持ちとして味わってみます。動物にも植物にも鉱物にも魂があるので、「そこのカラスの気持ちになってみる」「桜の木の気持ちになってみる」「パワーストーンの意識になってみる」ことは可能です。目に見える世界では自分と離れている存在を「自分である」と感じてみることが、自己意識を広げることに役立ちます。

相手と自分は、物質次元の個性や体験が違うだけで、神性は一つです。自分の右手と左手が喧嘩することはありません。本来みんなが自然に共働するように創られています。

ワンネス意識では、自分を攻撃する人のことを、自己の傷ついた部分だと感じます。アンパンマンは、自分を食料として差し出しますが、これはワンネス意識です。戦争を終わらせるために、特攻機で死んだ若者も、このレベルの意識体験をしました。

高度に進化した宇宙人の文明では、「所有」という概念はなく、「管理」に変わります。

ここでいう管理は、全ての種の、全体のニーズへの、ボランティアでの責任ある配慮のことです。どんな生命でも、全体の種のシステムのバランスを支えている、かけがえのないピースです。アメリカ先住民の中には、植物のスピリットに許可を求めなければ、花やハーブを摘んだりしない種族がいます。私たちのように「飼い主のいない動物は殺処分しても構わない」とは決して思いません。

ワンネスになった人は、あらゆる人を「家族」と考えて、互いに分かち合います。現在の地球でも、家族の間では、全て無償が当たり前で、お金のやり取りなどしないでしょう。まして家族を犠牲にして「利益」を得るようなことはしません。地球人の「自己」の範囲が広がると、直接の関係がない人との間でも、こういう感覚で生活するようになります。

自分を愛と感謝のエネルギーと捉える

第五密度では、自分を愛のエネルギーとして認識します。そこで、自分を愛と感謝のエネルギーとして思ってみることが、意識を第五密度に上昇させるトレーニングになります。

具体的には、日々出会う人に、「愛と感謝」の思いを送ることです。

例えば、笑顔で挨拶をする。他人から受けた小さな好意に「ありがとう」と言葉を返す。

相手の気持ちに寄り添って、共感して分かち合う。

飲食店の接客で、お客様に感謝の思いを込めて挨拶する。

お店に入ったら、お店の人に、商品を届けてくれることに感謝する。

仕事での、一つひとつの行動に、関わる人へ愛と感謝の思いを込める。

料理をするとき、愛を込める。ものを作るとき、愛を込める。

どれも、当たり前と言えば当たり前のことです。

ただ、「そうするのがいいことだから」という気持ちではなくて、ハートから自然に愛と感謝が溢れることを感じられるようになることがポイントです。

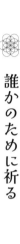

誰かのために祈る

同じく、「他者を自分のように愛する」ことを意識して、「誰かの（幸せの）ために祈る」トレーニングをします。

「誰かのために祈る」ことは、宇宙自身による、愛の創造に力を貸すことです。内側から湧き出る「利他の思い」は、宇宙の「神の本能」が、自分を通して調和した世界を表現したいと願っていることを意味します。

内側から湧き出る神の愛のエネルギーを自分だと感じてみるということです。

物質界にある存在の全ては「思い」によって創造されています。宇宙の要素の全てには、「意識」があり、要素同士は、意識的な選択で相互に引き寄せられ、神の物質的な表現が創造されます。つまり、神が「自分」を通して願い、自分が「言霊」を発したことは、神が願ったこととして、必ず物質世界に実現します。

良いものを創造するのも、悪いものを創造するのも、自分次第です。

「祈り」を通して宇宙の「創造原理」を働かせることができます。「できる」と思わないことには、やる気が起きません。自も他も分け隔てなく、幸福を祈りましょう。

電車に乗ったら、そこに乗り合わせた人たちの幸せを祈りましょう。

喫茶店に入ったら「ここにいる全ての方が、内在する愛の光に目覚めますように」と祈ってみましょう。

次のような祈りも、自分の意識を拡大するのに役立ちます。

「私が、愛の個性を発揮して、人々の、お役に立てますように」

「日々出会う人の、幸福を願うことができますように」

「地球への感謝を、本当に感じることができますように」

これも「そうするのがいいことだから」という気持ちではなくて、ハートから自然に、誰かの幸せのために祈る思いが溢れるようになることがポイントです。

地球への感謝の祈りをする

個別意識レベルの「自己」をさらに拡大するには、地球意識に対して、無条件の愛と感謝のエネルギーを送ります。意識体同士で、エネルギーの交流をするということです。

同じ人間の形をしている他者と自分を、一つの存在と考えることは比較的簡単にできるのですが、地球はその全体が目に入らないし、話をしたこともないので、そもそも「生命体」だという認識を持てないのが普通です。

ムー文明では、地球意識と話せる人がたくさんいました。インカなどのネイティブアメリカン、エジプトの神官、ヒマラヤの聖者も、地球意識と話をしていました。

表面的なエコロジストではなくて、自然の中に深く入っていくことができれば、地球意識とのコンタクトはできると言われます。なかなか難しいですが、自分自身もスピリットであると自覚して、地球の精霊や、大自然の精霊とテレパシーや直感で話をしていくことを意識すると、地球との一体感を深めることができます。

現代人は、都市の中に住んでいて、自然の恵みに気がつかないので、なおさら、地球が、私たちに「無条件の愛」を与えてくれていることに感謝できる人は少ないです。

そもそも、私たちが、生命体として活動できるのは、地球に自然環境があるからです。人間は、地球に間借りしている存在です。地球の鉱物界、植物界、動物界の生命体の全てには意識があり、全ての意識がつながっており、互いに愛のエネルギーを循環させていますが、現在、人間だけが、それをしていないのです。

「自分さえよければ」というエゴの思いで、地球が無償で与えているエネルギーや、住む場所、自然の恵みなどを、当たり前のように奪い、木を切り、魚を乱獲し、動物を殺し、水を化学物質で汚染するようなことをしています。未来の世代のことなど少しも考えずに、資源を浪費しています。

化学物質や、核爆発の放射性物質は、地球のエーテル層を汚染します。人間のネガティブな想念は、地球のアストラル層を汚染します。

想念はエネルギーであり、一度できたネガティブな想念エネルギーは、物理的に表現されるまでは消えません。個人であれば、うつ病などのメンタルな症状として現れたり、心身症のような肉体の症状として現れます。地球のエーテル層、アストラル層に溜まった想念エネルギーは、地震や、洪水や、疫病などの、さまざまな天変地異として現れます。

そのトリガーを引くのが、気象兵器であったり、生物兵器であったりする可能性もありますが、何事も必ず原因があって結果が起こるので、大元にあるのは、人間が出す、怒りや争いのネガティブな思いです。怒りや争いは、価値観の違う相手の意見を理解できないことから起こります。要するに、二極性の問題です。個人的に処理できなかったカルマをみんなで刈り取っているようなものです。

これからも、世界的な規模で、人間の生存を脅かす現象が起こると思います。ただ、国ごとに、溜まっているネガティブエネルギーの量が違います。日本も天変地異的な災害を避けられないにしても、破滅的かどうかはわかりません。

いずれにしても、物質レベルと、スピリチュアルなレベルでのアクションが必要です。地球へ「愛と感謝」のエネルギーを送ることが、地球を癒すための一つのやり方です。

直接的な環境を変えていく

私たちが、意識を地球大に広げて、第四密度の集団意識になることは、内面の変化なので、外側からは、一見して、何も変化はありません。

しかし、主観的な世界は激変します。なぜなら、意識がニュートラルになるので、それまで抑圧して見ないようにしていた、他者の嘘や利己的な意図による支配の構図が見えるようになるからです。

外の世界に反発して、何かをしようとしても、潰されます。社会通念や、既得権益や、因習や道徳などの社会的な空気があるからです。「出る杭は打たれる」のです。

だからと言って、ただ意識レベルのワークだけをしていればいいかというと、そういうわけではありません。外側で起きていることに、形態レベルで対処しなければ、地球は変わらないからです。

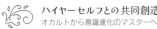

社会的なプロトコルの中で戦わないといけないのです。

マザー・テレサは、反戦運動に誘われた時に、「反戦運動には参加しないが平和運動なら誘ってほしい」と答えたそうです。反戦運動は、対立があるので、第三密度です。平和運動は、「一緒に、愛のある平和な世界を創ろう」と同じ方向を向いているので、第四密度です。

誰にも、自分のいる場所で、自分の個性と能力で、自分ができることで、周囲の環境を変えていく潜在的な力があります。

社会のために尽くす

宗教の本質とは、人のために自分を役立てることです。ややこしい教義にとらわれることなく、真面目で無欲の生活を送り、自分が生活している社会のために尽くすこと。それが神に対して真に忠実に生きるという意味です。

ところで、私たちが意識レベルを上昇させると、「世の中のお役に立ちたい」という思いが自然に湧いてきて、自分と同じような仲間とのつながりが自然にできてきます。

自分が何をするために生まれたのかは、ハイヤーセルフが知っています。ハイヤーセルフとは、霊界にいる自分の本霊のことです。本霊の一部が、魂として肉体に入っているのが私たちです。ちなみに、ハイヤーセルフは、自分に関係する複数の魂の集合体であり、守護霊もそのうちの一人です。

ハイヤーセルフは、生まれる前に計画したことや、魂の青写真を全て知っているので、自分が今何をしなければならないかを教えてくれます。

魂は、寝ている間に、霊界に帰るので、起きている時に祈ったことは、翌日には、大抵答えがもらえます。

初心者のうちは、ハイヤーセルフがいつも自分と一緒にいる実感がないので、朝起きたら、次の「全託の祈り」をしてください。

「ハイヤーセルフよ、今日の一日を、あなたが仕切ってください。あなたの導きに従います。地球を愛の星にするために、私がなすべきことをお知らせください」

そのうち、ことさら祈らなくても、いつもハイヤーセルフと一体化している感じになってきます。そうすると、常にインスピレーションを受ける（答えが自然にわかる）ようになります。

ハイヤーセルフの導きは、暗示的な出来事として起きたり、喜びの感情や、ざわざわした感情として来たり、シンクロニシティで来たりします。「ハイヤーセルフの答えだな」ということは、直感でわかります。

思考（言葉）が浮かぶときは、エゴの声である可能性があります。エゴの声というのは、潜在意識から自動的に巻き戻された、過去の記憶や、他の霊的な存在の想念を、インスピレーションと勘違いすることです。同じ思考でも、ハイヤーセルフからきた思考は、真実の光や、喜びがあるのでわかります。それは、注意深く観察すればわかります。こちらから問いかけてもいないのにやってくる思考には、審神者《さにわ》が必要です。ハイヤーセルフは、本人の自由意志をコントロールすることはないからです。

ハイヤーセルフからの導きであっても、受け入れるかどうかの自由はあります。「こうしてほしい」と言っているな、と思っても、それを無視してもかまいません。ただ、無視することも選択なので、結果責任は自分が負うことになります。

ハイヤーセルフとの共同創造

ハイヤーセルフと、自己意識（顕在意識）には、役割分担があります。

魂からは「こうしたい」といううずきが伝えられます。魂の中心には「神性」があり、この部分が、愛のエネルギーであり、集合意識とつながっている部分で、ここから、愛を表現する本能的な衝動が湧き出てきます。

魂の声は「希望」という形でやってきます。「希望」とは「願望が叶うという展望」のことです。精神の役割は、魂の願望を、社会的に適応したプロトコルで実行するために、構想することです。

「願望」実現にあたって、さまざまな障害が出てきます。その障害を取り除くために、日々、ハイヤーセルフに問いかけ、必要な知恵をもらいながら、共同作業をします。一般的には、毎日、静かな場所で、自分の内側に思いを向ける時間をとり、心を鎮めて、明確な言葉にして質問したり、祈ったりすることが、そのやり方です。

地上の私たちには未来がわかりませんが、ハイヤーセルフには見えています。霊界には時間がないので、過去の体験も、未来の体験も今ここにあります。彼らは、我々よりもはるかに認識力が高いので、彼らのサポートをもらえばいいのです。ただし、カルマに関係した課題の場合には、答えを与えると学びにならないので、与えられないこともあります。

明確に、こちらから言葉で問いかければ、寝ている間に、あの世で答えをもらえます。その場合は、目が覚めるとアイデアが思い浮かぶので、すぐにメモしておきましょう。メモしておかないと、忘れてしまいます。

自分が、個人的な幸福の文脈ではなく、世界のために何かをしたいと思ったときは、積極的に、神々に意思表示をしましょう。

神々への祈りにより、その神様から、ハイヤーセルフに霊的な指導が入るようになります。その場合は、ただ漠然と思うのではなくて、自分の思いを整理するために、神々へ奏上する祈りの言葉を起草して、紙に書きましょう。ビジョンがはっきりしていないのであれば、まず明確なイメージを思い描きましょう。

祈りの文章の構造としては、まず、自分を支援してくれている（と思う）縁のある神々に対する、日々の指導への感謝を表明します。次に、今回の祈りの目的が、他の方や、多くの人の幸福に役立つものであることを明確にします。このビジョンが実現することで、何がどうなるのかということも明確にします。そして、そのために、自分を神の光のパイプとして使ってくださいと宣言します。つまり、自分が地球に愛と平和をもたらすための事業を構想し、神々と共に働いて、地上に光を広げることの決意表明をするわけです。

祈りの文章は、私利私欲をなくして、自分の意識をできるだけ広げて書くようにします。これでいいと思うまで、書き直します。最後に、それを読み上げるときに、言葉に思いを乗せます。

「言霊」を使うにあたっては、一度口に出した言霊は必ず実現するので、「赤心」からの言葉、つまり神に誓って本心からの願いであることに注意しましょう。また、マイナスの言葉は決して使わないようにしましょう。

仲間たちとの「風の時代」のネットワーク

光の活動を始めると、人間関係も変わってきます。将来一緒に仕事をする人や、協力者に出会って、自然にネットワークができてきます。その人たちと一緒に、できるだけ気高いビジョンを思い描いて、愛を具現化するプロジェクトをしていけばいいのです。

多くの地球の宗教者は、グループで活動しますが、スターシードは、霊界にいる自己と交流しながら活動するので、基本的に、一人で行動します。

と言っても、仲間と出会い、共通の目標に向かって協力し合うということは、依存ではありません。自立して、自分一人でも事業をやっていける人たちが、共同で何かをする時に、その事業体のエネルギーが、一つの働きという理念のレベルで実在することになります。

第四密度の会社は、このように、実在する愛のエネルギーである理念が初めにあり、その理念を表現するために、力のある魂が「波長同通」でつながり、その意識体の愛の思いの表現として、3次元の場に神々の思考のエネルギーが集中し、創造活動が始まるという構造になっています。

そのような意識体の構成メンバーは、誰からの指令も受けないで、自律的に動きます。トップダウンの指揮命令系統の典型は軍隊ですが、自律的な組織の典型は、サッカーチームです。全員が一つの目標を共有していて、その時々に、誰がどう動いたらいいか、誰が指令を出したらいいかは、全体が同時にわかっています。

第四密度での光の活動は、このような、自律的な活動です。もし、誰かからの、具体的な形態レベルでの指令が必要だとしたら、それはまだ第三密度の活動です。中央集権的なコントロールは、個々の構成員の魂の自由を阻害します。第四密度では、アストラルレベルで全員がつながっているので、それぞれが何をしたらいいかは、自然にわかり、自律的な動きをします。

「我」が自立すること

現在の地球人の多くは、自分は何者かを他者との関係で決めようとします。他人を通じて自分を知ろうとし、人の評価を得るために、自分の行動を改めて、自分を変えようとします。新しい地球では「誰かに認められるため」でなく、「自分を表現するため」に、何かをしましょう。

現実は、「あなたの宣言」が元になって決まります。遠慮や謙遜はいらないので、本当の自分（より気高い自分）を実現することに、専念しましょう。

「人にどう思われるか」でも「誰かに言われたから」でも「社会が決めたしきたりだから」でもなく「自分の真実」を根拠に決断しましょう。

まず自分から始め、自分を通じて、他者に自分自身を知らせましょう。そのような、魂(神)とつながった人たちが集まってする仕事は、自然に発展していくはずです。

この章を通してのメッセージは、「自分自身であれ」ということです。

あなたには、誰に頼らなくても、ハイヤーセルフと共同創造する力があります。それが、神とつながることで得られる真の自由です。

誰もが、「言霊」を使って、自由に現実を創造できます。自己意識を広げれば、自然に世界や地球全体のためになる行動を選択できます。

「原因と結果」の法則で、神性の表現としてふさわしい未来が創造されていきます。それが新地球アルスです。

現実を決めるのは、あなたの「宣言」です。

世界がどうなっても、自分自身でいてください。

外の世界は「あるがまま」でいいのです。「こうありたい」と思う、内的な世界を、自由に創造してください。あなたの思いが原因となって、宇宙の未来が変わります。

これで、第八フェーズを終わります。

王の言葉⑧

自分が何者かを
宣言せよ

フェーズ9

宇宙規模での統合ドラマが始まった

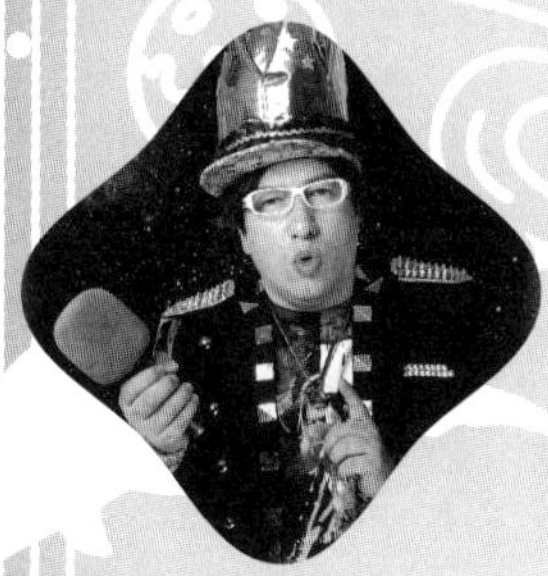

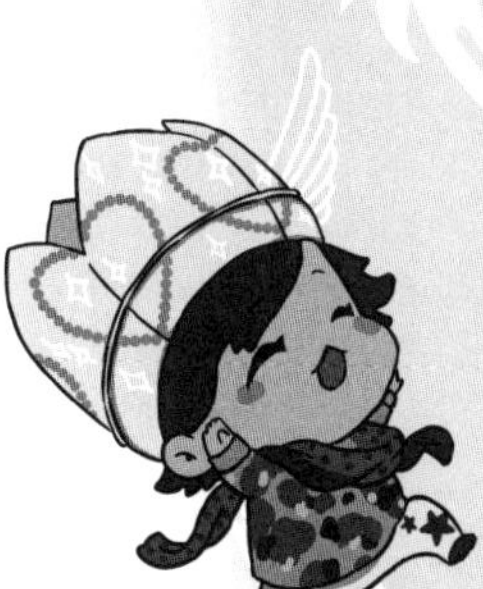

「地球の神々」という都市伝説の序章

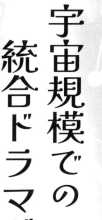

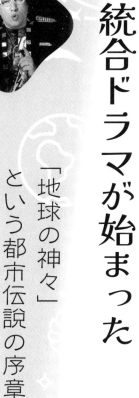

地球の神々がしていたこと

第九フェーズに入ります。

アフリカのドゴン族には、シリウス人が彼らに伝えた神話が残っていますが、その中に、地球人の起源を示唆するものがあります。

「翼を持つ人」が、シリウス系でも太陽系でもない、他の星系にある「第六の地球」に住んでいるというのです。この「翼を持つ人」は、シリウス人の地球プロジェクトには関わっておらず、ほかに「第三の地球」に「角を持つ人」が住み、「第五の地球」には、「尾を持つ人」が住んでいます。我々の地球は「第四の地球」なのだそうです。

これは、シリウス人が、ドゴン族に、「他の惑星にも地球に関わる存在がいる」が「シリウス人の地球プロジェクトには関わっていない」ことを伝えた話です。この話が、フェーズ6で紹介した、『プロジェクト エデン』というアカシック情報と、奇妙に符合しています。

『プロジェクト エデン』によれば、三億数千万年前に、大マゼラン星雲の惑星から、最初に地球にやってきた人たちには、尾がありました。その後、蟹座の惑星から移住した人は、鬼のような奇怪な姿をしていました。さらに、二億数千年前に、地球に植物の生命体を持ち込んだオリオン人には、羽がついていました。ここでいうオリオン人は、「オリオン大戦」とは関係なく、オリオン星座の方角にある惑星という意味です。羽のついたオリオン人の姿は、キリスト教の天使のモデルになりました。

「地球の神々」による地球人類創造のプロジェクトは、地球でゼロから肉体を作り出すのではなく、他の惑星から肉体とDNAを持ち込むやり方で行われました。その後、白鳥座の惑星からも、肉体先祖が移住してきました。このほか、ペガサス座の方向にある惑星から、数十億人規模で、魂の大量移住がありました。つまり、地球人類の祖先の故郷にあたる惑星は、5つあったことになります。いずれも、銀河系の外の惑星です。

シリウス人が彼ら以外で地球に関わる存在について知っていたことは、シリウス人と「地球の神々」に何らかの接触があった可能性を示唆します。

宇宙連合の規約では、宇宙人が他の宇宙文明に接触するときは、必ず、その惑星の神々の承認をもらわなければならないことになっているそうです。とすれば、シリウス人のプロジェクトは、地球の神々の許可ないし暗黙の了解の元に行われた可能性があります。同様に、アヌンナキの、シュメール文明への接触も、地球の神々の了解の下でされていたと思われます。

『プロジェクト エデン』のアカシック物語によれば、地球には、当初の移住により、少なくとも、数十億の魂が住んでいたことになります。ところが、ゼカリア・シッチンや、デヴィッド・アイクの物語では、あたかも、数十万年前まで、地球には、一人も人間がいなかったように描かれています。

スピリチュアルの基本を知っていれば、それはあり得ない話です。人間は、魂であり、霊的な世界が、本来の居場所で、地上世界は、ほんの一時、肉体に入って過ごす場所だからです。クローンで肉体を作ったところで、魂が、どこかから湧いてくるわけではありません。

ゼカリア・シッチンは、考古学者です。デヴィッド・アイクも、スピリチュアルについては、専門家ではないので、魂と肉体の関係をよく理解していません。いずれにしても、元々、魂としての人類は、地球にたくさんいたのです。数十億の地球人の魂は、別の惑星から移住したのでなければ、一体どこから来たというのでしょうか。

シュタイナーのアカシック物語

地球での人類の創造については、シュタイナーも、アカシックリーディングをしています。シュタイナーは難解なのですが、その解釈の一つによれば、地球で人類を創造するプロジェクトがあり、以下のようなことが行われました。

『プロジェクト エデン』には、「宇宙起源の」宇宙人の魂を、地球の環境に定着させたという話が書かれていましたが、シュタイナーのアカシックでは、地球人の魂と、エネルギー体と、肉体を、地球で（誰かが）「新たに」創造したという話が書かれています。

つまり、地球で初めて創造された「地球起源の」魂についてのストーリーです。両者は矛盾しないどころか、統合的に理解することができます。

人類創造と言っても、肉体を動かすには、何層ものエネルギー体が必要なので、そう簡単にはできません。

このエネルギー体の中核になるのが、「アストラル胚」と呼ばれる「存在のエネルギー」です。これは、ちょうど、卵の胚のように、その後の全ての生命体の機能がそこから現れてくるような、生命の元になるエネルギー体です。

シュタイナーによれば、この「アストラル胚」を作ったのは、非常に高い、超高次元の霊存在でした。どれくらい高いかというと、キリスト教の大天使、ミカエルとかラファエルとかよりももっとずっと高い存在です。ミカエル大天使は、天使の階層の一番下の、九層目にいるそうです。人間の核を作った存在は、第一層から第三層くらいに位置するそうで、そうなると、考えられないくらい高い次元の存在です。

人類を創造した存在は、核である「アストラル胚」を元に、順番にエーテル体、アストラル体、メンタル体などの人間の形の霊体を創り、さまざまな体験をさせ、感情や記憶や理性を育てていきました。この作業は、段階的に行われました。例えば、ある文明でエーテル体からアストラル体までを作ると、そこで一度文明を破壊し、しばらくして次の文明を起こし、ゼロからやり直します。その文明では、初めに前の文明の成果物である、エーテル体からアストラル体までの創造をクイックにやり直し、その後、今回の文明のテーマである、メンタル体というさらに高次の霊体の創造に取り掛かる、というやり方です。

シュタイナーは、人類を「創っていた存在」と「創られていた存在」に分けていて、「創られていた側」の人間を「地球人」と呼び、「創っていた側」は地球人ではなくて「地球起源ではない存在」とか「ハイヤーレベル」という呼び方をしていました。これは、人類の肉体祖先を率いて、銀河系外から地球にやってきた、「地球の神々」を含んでいるように思います。

実際、シュタイナーは、レムリア期には、先生役の人間が、「神殿地域」に住んでおり、そこには、進んだ文明があって、女性の神官がリーダーをしていたといいます。レムリア時代に、「第三根源人種」の段階だった一般の人間は、記憶力も思考力もありませんでしたが、直感的な力はあり、男性はものを造る力を、女性はヒーリングの力を持っていました。一般人は洞窟に住み、特別に進化した人だけが神殿地域で教育を受けました。レムリア時代は、女性がリーダーであった時代で、女性の神官が、男性たちに善悪の価値観を教えました。

先生役の魂は、高次元の霊域から転生して、「地球人」の肉体に宿って、「地球人」のような外見で「地球人」たちを教育していたのでしょう。彼女らは、「地球の神々」の世界から転生した存在で、霊界の神々とコミュニケーションしながら、計画の実行部隊として、地上で活動していたのだと思います。

レムリア時代に、人類は記憶力を発達させ、末期に、優秀な一般人を選別し、次のアトランティス時代の「第四根源人種」の種人種として育成しました。

アトランティス時代、人類は、記憶力はあったけれども、思考力がなく、理性を発達させることが課題でした。アトランティス時代の末期に、「第四根源人種」の複数のグループから、よく理性を発達させた優秀なグループを選別し、彼らをヒマラヤに移住させ、現文明の「第五根源人種」の種人種として育成しました。

このアカシックの物語は、地球で新たに肉体を創造するプロジェクトの話です。それ以前のことはシュタイナーは語っていませんが、少なくとも、先生役の魂が転生するための肉体があったはずです。

それは、地球の神々が、数億年前に地球に持ち込んだ肉体をもとに、時々の環境の変化に応じて、とにかく、DNAを地上で維持することを目的にして、維持してきたものなのではないでしょうか。その肉体に、リラ人たちが銀河系ファミリーの遺伝子を交配することで、現在の人間の形になったのではないかと推察します。

なお、都市伝説では、ついこの間のアトランティス時代には、上半身が人間で、下半身が馬のような、労働に適した人間（キメラ）がいたと言われています。それもありうる話だと思います。

人類創造に関わった3つのグループ

ところで、『プリズム・オブ・リラ』によれば、現文明において、地球人類の創造を演出した宇宙人には、3つのグループがありました。「創造の礎たち」、「リラ系グループ」、そして「シリウス系グループ」です。

「創造の礎たち」は、地球人類の創造を、非物質レベルにおいて導いた人たちです。シュタイナーのアカシックでいう、「先生役」のグループであり、「創造の礎たち」が、地球人類創造のプロジェクトを推進した全体のいわば総監督の任にあります。物質宇宙を創造した「創造の礎たち」と、この計画を推進した「地球の神々」は、ほぼ同等の存在だと考えます。

「リラ系グループ」は、「地球の神々」による、非物質レベルからの働きかけに気づかないまま、シリウス系グループを動員して、人類創造計画を、物質レベルで遂行しました。

琴座（リラ）は、銀河系で、「人間型生命体」が誕生した領域です。銀河系ファミリーは、全てここにルーツを持っています。

リラ人は、当時の地球人と、プレアデス人の間に遺伝的な親和性があることを知っていたので、プレアデス人をプロジェクトに参加させました。リラ人は、「琴座」系から派生した他の種族（ベガ、シリウス、オリオンなど）の間での闘争に辟易《へきえき》していたので、地球で二極性のない種族を作ろうとしました。

一方「創造の礎たち」つまり元々いた「地球の神々」は、銀河系ファミリーが経験した、二極性の葛藤のドラマが、地球で解決されれば、統合について学べるだろうと考えて、リラ系グループの計画を容認しました。

シリウス人は、彼らの植民地化を拡大する中で、肉体労働に使える原始的な人間を作ることに関心を持っており、リラ人の計画に参加したということです。

人類の起源としては、「地球の神々」が地球で維持してきた移住原初の肉体に、プレアデス人とシリウス人の遺伝子が交配されたということになると思います。いずれにしても、彼らはそれぞれの立場から、また、彼らの価値観からは、善意で、地球人のために、遺伝子操作をしたと思われます。

まとめますとこうです。銀河系ファミリーであるリラ人もプレアデス人もシリウス人も、二極の統合に成功していません。シリウス人には、ポジティブな種族もネガティブな種族もいます。地球人は、統合を目指していますが、それは銀河系ファミリー全体の課題でもあります。

地球の神々は、宇宙の進化の停滞を活性化するという、全宇宙的な課題に取り組むために、地球と人類を創造したのですが、近年になって、銀河系ファミリーが、彼ら自身の目的のために関わり、地球の神々は、それを追認したという関係になると思います。

銀河系ファミリーの宇宙人は、地球人に自分たちの遺伝子を持ち込み、同時に、文明を与えましたが、彼らと関わった神官たちが、おそらくルシファーの影響を受けて、闇側の力を持ち始めました。その後、彼らに協力するネガティブな宇宙人が参加したという流れだと思います。一方「地球の神々」は、さまざまな救世主として自ら転生し、宗教を起こして、人類を教化してきましたが、その教えも、ルシファーの影響で、途中から歪められてしまったということです。

これは、一つの神話の解釈ですが、地球人の多くは、そのルーツが、銀河系外から来た魂だということになります。読者のみなさん自身が、現在行われている、地球での統合のドラマの中での、主要な配役の一人であることは間違いありません。

地球に関わった宇宙人

すでに話してきたことと一部重複しますが、ここで、過去に地球に関わった宇宙人について、全体像をまとめておきたいと思います。

まず、地球ができた数十億年前、宇宙連合に所属する宇宙人がやってきて、地球環境を整えました。

彼らは、主に、地殻変動や、天候の調節や、物理的な環境の整備のために、調査や支援を行う科学者です。外見は、カマキリのような姿をしていたといいます。

地球には、地球神霊の他に、地球のエーテル体である、4つの精霊(四大元素)を統括する、これも非常に霊性の高い意識体がおり、カマキリ型宇宙人は、主にこの意識体と協働して、地球環境を創っていったと思われます。

地球に初めて人霊がやってきたのは、6億年前で、まず、金星から今でいうブッダの本体意識がやってきました。

その後、4億年前に、今でいうイエスとモーセの本体意識がやってきました。

外宇宙からUFOで多数の魂の移住があったのは、3億6000万年前です。これらの魂の招聘《しょうへい》は、全宇宙的な組織である「宇宙連合」を通して行われたといいます。

肉体を持って地球にやってきた種族は、第四密度の存在であり、魂で移住してきた種族は、第五密度以上の存在だったと思われます。

第六密度の存在は、天使クラスの魂で、高度に進化しており、肉体に転生する必要がないので、地球に来てから、一度も転生したことがない魂もいるはずです。

「銀河連合」というのは、天の川銀河の中の宇宙種族のネットワークです。銀河連合が地球に積極的に関わりを持ち始めたのは、地球原産の新たな人類の創造が始まってからだと思われます。

地球で新たな人霊が作られた時、当時の地球人の魂（個性のエネルギー）を霊的に増幅して、複数のコピーを作ったという説があります。魂自体は、神のかけらですから、新たな創造はできませんが、リサイクルはできます。一つの魂の個性をさらに細かく分けて、それぞれのエネルギー量を増やして、新たな魂を創造したと考えられます。

これは極めて霊的な作業なので、超高次元の神霊が協力して行われたと考えれば、シュタイナーのアカシックと矛盾しません。

スピリチュアリズムでは「類魂」という概念がありますが、それは、このような、一つのオリジナルの魂の分割や、エネルギーの増幅と関係があるのかもしれません。例えば、レオナルド・ダ・ビンチのように、一人の人が、複数の天才的な才能を持っていることがあります。これは、類魂の仮説がないと説明できません。ある人の本霊の中に、複数のエネルギーの個性があり、その人は過去の別の転生で、別の才能を伸ばしてきたので、今世ではその全部を使うことができる、という説明です。類魂という概念は、ハイヤーセルフという概念と似ています。ハイヤーセルフの中に、過去世の全ての記憶が溜まっていますが、全体を統括する中核の本体意識があり、この部分が、「神性」で、神から分かれてきた記憶を持っている部分です。

地球で、新しい人霊を創造するにあたって、新たに人体も創造した可能性があります。新たな魂の乗り物にふさわしい新しい人体（ホモサピエンス）を完成させるため、銀河系ファミリーの協力を得たと考えるのが自然でしょう。

シリウス人と古代文明

地球にホモサピエンスが登場した頃と前後して、銀河連合の宇宙人が頻繁にやってきた記録があります。レムリア文明やアトランティス文明の話は、歴史書としては残っていませんが、シュメール、エジプト、南米のインカなどには古代文明の神話が残っており、ピラミッドや神殿などの建築物にも、当時の原住民と交流した痕跡が残っています。

この頃に、主に地球人に関わったのは、シリウス人とプレアデス人でした。シリウス人というのは、単一の種族ではなくて、シリウス領域にいる異なるルーツを持つ複数の種族です。

地球に関わりを持っているのは、元々ベガ人がシリウスに移住して進化した、ネガティブ系シリウス人と、癒しを志向する、第六密度の肉体を持たない集合意識のポジティブ系シリウス人です。

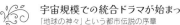

ネガティブ系のシリウス人は、第三密度の肉体を持ち、外の世界の支配とコントロールを志向する意識を持った存在です。この両者の間の葛藤が、オリオン大戦の源流となりました。

シュメールや、アフリカで、爬虫類や半魚人の姿で現れていたのは、ネガティブ系のシリウス人であった可能性があります。ただ、彼らが悪であったわけではなくて、支配することを自分の価値観としていただけでしょう。現代の地球人はいまだにその意識レベルに留まっています。当時の地球人は、彼らの価値観を見習って、社会システムを作り上げたにすぎません。

例えば、アトランティスの時代に、地球人は、知性と理性を発達させました。しかし霊性の面ではまだまだ未熟でした。当時の神官たちは、今と違い政治家でもありました。宇宙人から教えてもらった知識を、人々の幸せのために使うのではなく、自分たちの支配欲を満たす道具として利用しました。それは宇宙人のせいでしょうか。全ては自由意志の選択による原因と結果です。もしアトランティスが水没したのなら、それは人類の集合意識が、そうすることで責任を取ることを選んだということでしょう。

ネガティブ系のシリウス文明の影響を受けたものに、イルミナティがいるという話はすでにしました。フリーメイソンの最上階位である33階級より上の階級があり、それはこの宇宙人の影響を受けていると言われていますが、彼らは実際には何の力も持っていません。自分自身の力を信じられない、常に自分の非力さに戦々恐々としている存在です。我々が、彼らに力を明け渡さない限り、彼らは影響を及ぼし得ません。

すでに述べましたが、ポジティブ系のシリウス人は、自分自身は肉体を持たず、肉体の治療を通して肉体的な存在に奉仕することを選択した存在です。彼らは、感情の治療を目指すアルクトゥルスのエネルギーと結びつき、一種の癒しのエネルギー体系を作りました。このエネルギーは、地球だけでなく、全ての銀河系ファミリーに影響を与えています。

ポジティブ系のシリウス人には、地球で物質世界に転生した一団もありましたが、彼らはイルカやクジラを肉体として選びました。そのほか、肉体を物質化して現れた意識体もいて、彼らはエジプトの神（イシス、オシリス、アヌビスなど）に扮して医学や天文学などの高度な文明を伝えました。彼らの物質化現象は、イエスが再臨したときに肉体を創造したのと同じ現象です。高度に進化した存在は、肉体を自由に作り出すことができるのです。

なお、レムリア時代には、第六密度のアルクトゥルスの存在が、人類が彼らの存在を知覚できるレベルまで自分たちの波動を物質界に近づけ、肉体を持って現れて、レムリアの神官と交流し、治療技術を伝えたと言われています。イースター島のモアイ像は、彼らに対する人間たちの賛辞が込められているということです。

プレアデス人の失敗

地球人と一番深い関わりを持っているのが、プレアデス人です。

プレアデス人のルーツは琴座（リラ）にあります。リラ人は、直感的で受容的な女性原理を体現する種族でしたが、同じく琴座に男性原理で宇宙を支配しようとする種族（ベガ人）がいました。

リラ人は、ベガ人との軋轢《あつれき》を避けるために、新たな新天地を探して、地球と火星に移住しました。当時、地球は、恐竜の時代でした。リラ人は、地球上での生活に順応した体にするため、当時進化しつつあった人類の遺伝子を取り入れ、彼らと平和的に共存していました。つまり彼らは、地球系リラ人になったのです。

その後、ベガ人も地球を発見して、北欧に移住しました。彼らは、霊長類のＤＮＡを取り込み、地球系ベガ人になりました。

その後、地球のリラ人と元々攻撃的なベガ人の子孫が、領土争いから戦争を起こし、その結果、リラ人の子孫は地球を去り、プレアデス星団に入植しました。彼らはここでプレアデス人になったわけです。つまり地球はプレアデス人の故郷でもあります。

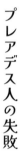

プレアデス人は、「調和」と「真理」と「無条件の愛」を基礎とする文明を築こうとしました。高度な直感力と、共同社会を好む傾向を持っているプレアデス人は、どことなく日本人にも似ています。

ところが、彼らは平和と静寂に愛着するあまり、やがてネガティブな傾向を持つどのようなことも受け入れられなくなりました。人間としての自然な性癖を心の奥へ押しやった結果、言いようのない虚無感に襲われ、彼らの生活には、葛藤も決意も喜びもなくなりました。

その時、プレアデス人は、祖先のリラ人から、オリオンで起きている葛藤について知り、彼らの中に使命感が湧きおこり、紛争解決へ向けて、オリオンでの戦いに参加していきました。

一度オリオンに転生した魂が、そこから抜け出すのは不可能に近いことでした。彼らは自分たちを取り巻くネガティビティを駆逐する中で、自分の内面の奥深くに潜むネガティビティと戦っていましたが、心のうちの真理に目覚めることはできませんでした。

その後、プレアデス星団の一惑星がオリオン帝国によって全面的に破壊されたことをきっかけに、オリオン大戦に関与してきた全ての魂は、彼らの存在の最も高いレベルで（つまり全ての魂のハイヤーセルフのレベルで、あるいは宇宙の集合意識として）事態を見直すことにしました。この争いを、別の形で、別の場所で続けることで合意したのです。おそらくこの合意は、地球で今でも繰り広げられている二元的なドラマと関係があるのではないでしょうか。

この時、プレアデス人は、オリオンのドラマに関与することをやめ、プレアデスに帰還しました。

地球の構想の中の一つに、あらゆる価値観を共存させることがありました。そのためには、宇宙中の文明からの、多様な魂の個性を受け入れることができる肉体が必要です。地球の神々は、非物質のレベルからリラ人に働きかけました。リラ人は、シリウス人と協働して、地球の神々が長年手塩にかけて育ててきた土着種族に、さまざまな遺伝子を組み込みました。

リラ人は、プレアデス人が地球人の遺伝子と親和性が高いことを知っていたので、プレアデス人にプロジェクトへの参加を呼びかけ、最後に、プレアデス人のＤＮＡを組み込んで、地球外生命と両方のルーツを持つ人間型種族を作ろうとしました。プレアデス人も、地球のネガティビティを学ぶために、それに合意しました。

こうして、プレアデス人は、何千年にわたり、地球上のおよそ全ての未開文明と交渉を持つことになりました。宇宙人や宇宙船を描いた洞窟壁画や、宇宙からやってきた神々についての古代文書がたくさん残されているのはこのためです。

「神々」と言っても、当時のプレアデス人は、肉体を持つ存在ですから、我々とあまり変わりがありません。しかし、未開の民族の目には、彼らは確かに「神々」と映ったので、彼らを崇拝するようになりました。

プレアデス人は、最初は、善意に根ざしたコンタクトをしたのですが、次第に、自分たちに与えられた力に味をしめ、権力を弄《もてあそ》ぶようになりました。

本来、地球人を指導することで、地球人の進化の段階から学ぶことが、魂レベルでの選択でしたが、次第に彼らは、個人の欲望を満たすことに傾倒していきました。「嫉妬深い神々」に関する多くの古代神話は、こういうプレアデス星人を含む、ネガティブな宇宙人の行動に由来します。

プレアデス人は、何千年にわたり、地球人を危機から守ったり、まるで親が自分の子供を言いなりにするように（あくまで「地球人のためを思って」の行動ですが）地球の出来事に介入してきました。彼らの中には、自分たちの目的を遂げるために、地球人を操作していた集団もありました。プレアデス人にとっては、こうした過去は、大きな恥となっています。

現在、プレアデス人は、地球人を「子供」とは見なしておらず、独自の選択を下させようとしており、コンタクトはチャネリングによる間接的なものだけになっています。

こうして、地球を舞台とした統合の物語の序章が終わりました。

以上で、第九フェーズを終わります。

王の言葉⑨

神々に感謝せよ

フェーズ 10

次世代の地球意識はもうできている

次元上昇のスピリチュアルな舞台裏

銀河の情報ネットワークとは

ここから、最終フェーズに入ります。

ある都市伝説によれば、日本に、全銀河から横断的に選抜されたスターシードからなる「銀河情報ネットワーク」のプロジェクトチームがあり、このチームが、2007年頃から、2013年にかけて、地球の次元上昇の準備のための、ある活動をしていたということです。

3次元的な仕事に例えて説明すると、地球人の意識が、第三密度から第四密度に上昇することに伴い、各人が保有するアカシックレコードの記録先（データベースの接続先）を、次世代の新領域に切り替える作業をしていたのです。

そのプロジェクトは無事終了し、2008年に、地球人の集合意識に、「次世代領域」ができました。

これは、次世代の意識レベル（第四密度）に達した人のために、未来の地球での体験を記録する個別の記憶領域が、新たなサーバーに用意された、というような意味です。

ただし、そのデータベースへのアクセスを許可されるかどうかは、人によって違います。一言で言うと、意識が「宇宙レベル」である「受容性」に達していない人には、その人のための次世代記憶領域が用意されても、アクセス権限が与えられません。

意識が次世代レベルに到達した人から、順次権限が与えられることになります。一人ひとりの地球人のこの意識の変容は、現在進行形で行われているところです。

第八フェーズで触れましたが、地球人の2〜4パーセント、つまり2〜3億人くらいの意識が、分離ではなく、全ては一つであるという認識レベルに変化したら、「意識のドミノ倒し」が起きます。そうすると、地球人全体が、現在の「支配とコントロール」から「愛と平和」の波動に変わります。そうなったら、宇宙人たちも、もう攻撃されることはないので、姿を隠す必要もなく、また科学技術を悪用されることもないので、さまざまな形で支援がされるようになるでしょう。

要するに、まず人々の心が変わることが先で、その後に、新地球アルスに向けての本格的な社会改革が始まります。それがいつになるのかは、私たちの努力次第です。

今回の地球の変化の主役は、私たち一人ひとりです。これから15年くらいの間に、意識を統合した人たちをどれだけ増やせるかが勝負になります。

何事も「原因」となる思いがなければ「結果」は現れません。この本も、「地球の変化」に小さな影響を与えようと思って書きましたが、一人ひとりが、自分の居場所で、さざなみを起こすことが、とても大切だと思います。

この「銀河情報ネットワーク」プロジェクトの存在を、信じるか信じないかは、あなた次第ですが、地球の次元上昇とは何かを、メタファーとしてわかりやすく理解できる話なので、ここで紹介しておきたいと思います。

人類の「集合意識領域」は、2008年に、地球の高次領域において、第三密度から、第四密度に移行しました。

つまり、そこには、すでに、愛と平和に満ちた、未来の計画ホログラムが存在しているということです。別の言葉で言うと、高次領域に、地球の神々が計画した、未来のビジョンがあります。

ただし、これは、次世代の地球を創造する、地球人の意識の入れ物ができたという話であり、個々の実際の意識の変容や、3次元の地球を変えていく（表現する）仕事は、全て、物質化した神である、私たち自身の自由意志と行動にかかっています。

時期を同じくして、地球と、外銀河との間に、新たなエネルギーネットワークが構築されました。これは、銀河情報ネットワーク部門に携わっているスターシードが、地球人として転生して、人類の集合意識を統合する作業を行ったことによって実現したものです。

宇宙の全ては原因と結果です。多くの人が計画を共有し、それぞれの持ち場で、それぞれの作業を実施することで実現します。自動的に何かが起きるのではないのです。そして、私たちを含めた、全銀河の存在が、その関係者です。

地球が所属する銀河系のグループは、基本的に、6銀河で1銀河団を構成し、26銀河で1超銀河団を形成していて、大マゼラン銀河が、26銀河の軸となっています。

今回、地球が次元上昇することによって、天の川銀河を含む、3つの銀河の周波数領域が統合されることになり、26銀河全体の周波数帯に、新たなネットワークラインが構築されたのです。

主要な銀河情報（アカシックレコード）保管庫は、プレアデスと、大マゼラン銀河にあり、双方は連携しながら運用しています。

情報保管庫は、領域によって、グレードが異なっています。

地球に一番近い保管庫は、プレアデスのアルシオネにあり、特徴として、第三密度の情報（個別の肉体意識に伴う記憶や感情、認識レベルの情報）を精妙に保管しています。過去領域を脱して、統合意識を構築し、次世代レベル（第四密度）に達した方々の意識レベル情報は、いったんアルシオネの情報保管庫で更新され、そこからアンドロメダ領域を経由して、大マゼラン銀河の情報保管庫に更新されます。

大マゼラン銀河の情報保管庫は、天の川銀河とは直接つながっておらず、アクセスするには、いったんアンドロメダ領域に入って、周波数変換する必要があります。

私たちが、銀河の情報保管庫から情報を取得する場合は、波動エネルギーで、中継ポイントである恒星や惑星の波動レベルに変換され、最終的に、3次元レベルで光言語として認識されて、各人がそれを自分の言語に変換するようになっています。

宇宙からのエネルギーは、地球のエネルギーグリッドから、世界各地にある主要なボルテックスを経由して、各地のサブボルテックス（エネルギースポット）につながり、そこから、一人ひとりに送られます。

意識レベルの上昇

今回の地球のアセンションのために、大アンドロメダ銀河、大マゼラン銀河、小マゼラン銀河などのエキスパートたちが、地球人として転生して、地球の神々と連携しながら、特別な支援をしてきました。

今回の主な支援体制としては、人類の感情・目覚め・感覚器官はプレアデス、エネルギーネットワークはシリウス、時間概念はアルクトゥルス、周波数は外銀河のマヤ、プロジェクト総括は大アンドロメダ銀河、そして統合遺伝子は大マゼラン銀河が技術支援を行っています。

この銀河ネットワークプロジェクトでは、現在の地球環境の周波数である第三密度を「プレアデス領域」、次世代の周波数である第四密度を「シリウス領域」、次次世代の周波数である第五密度を「オリオン領域」と呼んでいます。

旧い地球では、プレアデス領域からエネルギーが提供されていました。新たな地球では、シリウス領域からエネルギーが提供され、個々の人類のDNAの書き換えが行われます。

プレアデス領域から提供されるエネルギーは、感情面（第一チャクラ～第三チャクラ）

での解析と統合を実践するもので、シリウス領域から提供されるエネルギーは、魂や精神の面（第五チャクラ～第七チャクラ）での解析と統合を実践するものです。

私たちが現在、次世代のシリウス領域に移行しているかどうかは、自身の体験や感情、視界に映し出されているホログラム体験を確認すればわかります。

いまだに旧領域での感情エネルギーの克服ができていない場合は、統合意識ができておらず、シリウス領域の英知の理解はできません。

自身の意識レベルが上昇すると、地球の高次領域にある、自身の次世代のデータ領域に、旧領域から、データ移行が行われます。

個人のデータ領域は、アクティブなデータと、アーカイブデータに分かれます。過去領域で体験した二極的な意識や、ネガティブな感情エネルギーはアーカイブされ、新たな銀河ネットワークシステムには移行しません。

次元上昇によって、神としての自覚ができた自分が、自分の個性を通して新たな銀河の歴史の創造に参加した活動は、アクティブなデータ領域の中に記録されることになります。

第四フェーズで詳述した「意識のクリーニング」は、ここでいうアーカイブ、すなわち古い波動エネルギーのクリーニング及びコンプリート作業に関係し、第八フェーズで詳述した「ハイヤーセルフとの共同創造」は、銀河の未来の創造へ参加する活動に関係します。人類の集合意識が完全に構築され、新領域での運用が安定してから、最終的に、地球の物理的次元の変容が行われます。ここでいう「物理的次元の変容」というのは、宗教でいう「地上天国」「地上ユートピア」ができるということです。

２００７年頃までに、日本のスターシードたちが、世界に先駆けて意識のクリーニングを行ったことにより、他の地域のボルテックスに配置されている人々に、統合エネルギーが送信されました。それにより、地球領域全体の統合エネルギー網が構築され、人類全体の集合意識に変化が生じました。

地球領域の波動上昇に伴う現象

こうして、２００８年に、人類の集合意識領域に、次世代領域が作られましたが、物理的な地球環境や、個々の肉体の、次世代波動への移行は、２０２３年時点では完了していません。２０１１年以降、ゆっくりと変化しつつある状況です。

現在起きている、さまざまな自然災害や、社会的な問題は、この移行に伴う現象だと考えられます。

地球領域の波動上昇に伴い、地球領域内の時間は加速します。その加速時間についていけない、意識が粗い周波数（過去領域）にとどまっている人々は、変化に取り残されていき、あるところで加速中の時間領域に入ることができなくなり、3次元の社会的問題として現象化されます。

エネルギー資源、通貨、教育、生産システム、政治制度、防衛、軍事、企業活動等の全てにおいて、事件や問題が起きたり、隠蔽《いんぺい》された不祥事が暴かれたりしているのはこのためです。

これらの事象の全体を、混沌とした悪い世の中であると捉えている方は、現時点で、存在軸が旧領域に設定されており、統合意識が構築されていない可能性があります。

現在問題になっている出来事は、全てエネルギーの方向性が誤っているものであり、地球の物理環境が次世代領域に移行するために、方向転換しなければならない内容の波動エネルギーであるという理解が必要です。

同時に、時間が加速すると、環境領域にも影響が生じ、圧縮された現象が、異常気象（地震、火災、台風、ハリケーン、サイクロン、氷河の溶解等）として、3次元の環境に物質化します。

天変地異は人類の意識の覚醒と関係があることが理解されると共に、人々の内面も急速に変化し、人類全体の周波数の拡張が行われていくことになります。

今後も、時間の流れと共に、地球の周波数帯が上昇していきますので、意識の在り方を、次世代領域に適合するように方向転換しない方は、環境領域と同様に取り残されてしまいます。

2023年現在でも、依然として旧領域（過去領域・プレアデス領域）の情報にアクセスして情報発信している方々がいます。それらの方には、旧・過去領域特有のパターンが見られます。

まず、自身の情報こそが特別なものであるという認識を顕在意識で持っています。また、受容性に乏しく、総じて強硬な周波数を持っており、予言的な事項を盛り込みながら情報発信をして、受信者の意識を自分のグループに注目させようとします。さらに、情報自体が曖昧《あいまい》かつ一方的で、受信者が戸惑うような内容が多く、また発信情報にも修正事項が多く、弁解を別の情報発信に置き換えたりします。総じて自我が強く、感情に起伏があり、ネガティブな周波数を持っています。

分離意識のDNA（旧DNA）は、基本的に、ポジティブな情報よりもネガティブな情報に共鳴するようにプログラミングされています。このため、分離意識にいる人は、外部の情報を取る際に、自分のこの特性を自覚していないと、ホログラムコントロールから抜けることはなかなか難しいです。ただ、統合意識を構築することにより、この旧いＤＮＡは変容し、情報エネルギーの本質的な意図を見極められるようになります。

人類の集合意識領域がシリウス領域（第四密度）に移行したことにより、旧領域にあった否定的な未来情報（壊滅的な終末的予言のホログラムなど）は、過去情報としてアーカイブされました。ただ、依然として過去情報領域にアクセスしている人には、過去領域の物理的体験は個人的に残ります。

例えば、大災害の夢を見たとしても、その夢を見た時期がいつか、またその夢を見た人の意識の状態はどうか、ということが問題となります。

２００８年に、かつての旧領域に存在していた富士山及び東京領域での壊滅的物理的災害ホログラムが削除されており、日本列島に新たな保護シールド網ができたことから、次世代を担う方々については、現在、東京領域は安全な領域になっています。

もし、東京に大災害が起きるというビジョンを見た場合は、旧領域にアクセスしている可能性があります。

これは、旧領域で人類の視界に共通していた外部的な体験が、個々の意識レベルに応じて分かれていくことを意味します。社会の事象がどのように変化しても、スムーズに対応して影響を受けない人と、影響を受けてしまう人に大きく分かれるということです。

次世代の人類の集合意識は、エネルギーラインで結ばれ、すでに地球領域を覆っています。統合意識を構築すると、この集合意識のエネルギーライン網に直接関与することができるようになります。

ここでいうエネルギーとは、各宇宙情報保管庫の情報エネルギー、地球の神々及び高次生命体のスキルのエネルギー、地球意識の持つエネルギーのことで、これを総称して「宇宙エネルギー」となります。

簡単に言うと、自分と異質な他者をも、寛大な思いで受容し、無心に奉仕するような人は、何もしなくても、内側から必要な情報を得られるようになるけれども、他者を裁く偏狭な意識にとどまっていると、それができないということです。

次世代集合意識とつながるための課題を一言で言うと、「克己」と「利他（奉仕）」の実践です。本書では、それをずっと語って来ました。

第六密度の存在からのメッセージと言われている「ラー文書」の中に、「51パーセントの他者へのポジティブと、49パーセントの自分へのネガティブが、地球をアセンション させる」という趣旨の言葉があります。それはこのことです。

「一つであること」に目覚め、意識を「受容性」のレベルにまで広げると、次世代集合意識にアクセスできるようになります。

まず、意図的に、「今ここ」から「次世代の地球」へとつながりましょう。これから何かするのではないのです。もう、準備は整っています。「自分は、次世代集合意識につながる」とただ決めたらいいだけです。魂は、もう決めています。いったんつながったら、新しい地球にふさわしい自分に変化する、内側からの導きがどんどん入ってくるでしょう。

スターシードの役割

スターシードとして地球に転生した方は、自分の存在そのものが、「変換器」であり「フィルター」であることを自覚することが大切です。そして、重要なことは個々が「ボルテックス」であるという真実を理解することです。

「変換器」としての役割は、高次領域から、地球のアセンション計画に必要な「情報エネルギー」や「波動エネルギー」を受信して、必要な波動レベルに変換して、必要な領域に送るという仕事です。

例えば、この本は、アセンションに必要な情報を、さまざまなソースから受け取って、都市伝説系のコミュニティの方々にわかる言葉に変換して、必要な情報エネルギーを提供するものです。つまり、私自身は「変換器」としての役割を果たしていることになります。

日本での情報エネルギーの取得と変換は、主に2007年以前に行われました。プロジェクトにとって極めて重要な年であった2007年には、ゲイリー・レナード、ペッパー・ルイス、リサ・ロイヤルをはじめ、アメリカの著名なスピリチュアルマスターたちが大挙して日本にやってきて、当時の日本のスピ系の人たちの意識の覚醒を促しました。

地球の集合意識に次世代領域ができた2008年以降は、日本のスターシードたちの重要な任務は、日常生活における意識の調整となったため、未来軸の情報収集には自然と意識が向かなくなりました。

当時の状況を覚えている方であれば、2008年以降、スピリチュアル系で、目新しい情報が出ても、関心が向かなくなったという方もおられるのではないでしょうか。

今回の地球のアセンションでは、意識を第三密度から第五密度くらいまでに変容させるための知識が必要なのであって、それ以上の知識は、知っていても役に立ちません。

宇宙には、いくらでも高次元の情報がありますが、少なくとも、今回の地球のアセンションの文脈では、当事者である私たちに必要な情報は出尽くしています。この本に書かれていることを実践できれば、誰でも地球のアセンションに貢献することができます。

一方、2023年になっても、いまだに目新しいスピリチュアル情報を探し求めている方もいます。そういう人は、依然として意識が旧領域にとどまっている可能性があります。

今必要なのは、意識を覚醒させるノウハウや知識ではなくて、実在する神の愛のエネルギーとつながって、「愛」としての自分を自覚的に表現する、日々の実践です。そのための気づきは、当たり前の人間として、当たり前に生きる中でしか得られません。また、スターシードであってもなくても、人としてやるべきことは同じです。今ここで、自分が現に発している意識の波動が、地球の集合意識に影響を与えているという理解が大事です。

「波動エネルギー」の変換は、2008年3月以降、主に一般の女性の方々（主婦層スターシード）自身が変換器となり、波動調整を担当しています。

具体的には、当時未成年の子供がいた女性の場合は、子供たちが関わる日常生活領域において、また当時すでに子供が成人していた女性の場合は、旧領域の波動に関わる場所において、周波数の調整の仕事をしています。

「フィルター」としての役割は、地上のネガティブエネルギーを自ら吸収して、ポジティブエネルギーに変換して、必要な領域にエネルギーを送信するという仕事です。

地球が新しい領域に移行したことにより、次世代のエネルギーラインが地球領域を覆うことになり、その影響で、2010年頃から、3次元地球領域で、徐々に暴動・犯罪・汚職・不正など、これまで隠れていたネガティブな社会的エネルギーが、新たな周波数のエネルギーによって照らし出され、現象化するようになりました。

これらの情報は、過去領域に蓄積されている旧データ（波動エネルギー）です。これらの地球に溜まった人類意識の不純物のクリーニング作業は、統合意識を構築した方々が変換処理を行っています。

事象そのものではなく、人類の意識が3次元的な現象を作った因果関係を、真理の視点から洞察し、根本原因を健在意識で理解する作業を積み重ねることで、地球領域のネガティブ現象のエネルギーの周波数が変容し還元され、全体の集合意識を修正することが可能になります。

「ボルテックス」としての役割は、自分がどこにいても「適材適所」であることを通して、そこに存在することで、地球のエネルギー場の調整を行うことです。スターシードの仕事は、していることそのことを見れば、必ずしも、摩訶不思議なエネルギーワークではありません。

人類の集合意識は、エネルギーラインで結ばれ、地球を覆っています。統合意識は、この集合意識のエネルギーライン網に直接関与することができます。それにより、ボルテックスゲートが開き、いわば歩くエネルギースポットになるわけです。意識が統合意識レベルに達することで、地球の集合意識のネットワークとつながり、通信情報を変換することができるようになります。

ボルテックスゲートを開く

ボルテックスゲートを開く方法は、物理的な行動ではなく、日常生活の意識や感情のレベルで、善悪・陰陽を統合し、二極性を超えることによって行います。自分がボルテックスであると自覚したならば、意識を変容させることで、自ずと周囲のホログラム体験が変わることを、実際に経験していくことです。

ここで「意識を変容させる」というのは、出来事に対して、「良い悪い」の二極の判断や、宗教的な意味づけをしないで、ありのままを受け入れるということです。

その体験は、自分の魂が引き寄せたものですので、その出来事をきっかけとして、それに対して、最も崇高な「愛」である自分の「在り方」を決めて、その自分を表現（創造）するようにします。

旧い意識の人は、反射的に、自分を「被害者」として捉えて、相手や環境を批判して、低レベルの自己を感情エネルギーで防衛しようとします。これは「自分の外側に何かがあり、その影響を受けている」という幻想のトラップにはまっているためです。

実際は、外側がどうであろうと、「自分がどう在るか」は、自分が決めれば良いことです。外側の人や環境は、自分の「在り方」とは、何の関係もありません。

実は、「望ましくない出来事」は「より崇高な自分」を創造する機会を与えてくれています。その出来事が、自分に対してであれ、自分のコミュニティに対してであれ、あるいは社会全体に対してであれ、「良くないこと」だと感じられることに遭遇したら、あなた自身の「神性」を表現する格好の機会であるのです。物事の捉え方をそのように反転させて、理性的に対応することが、意識を変容させるコツです。

あなたがどうすることが「愛」に一番ふさわしいのかは、意識をエネルギーグリッドに向ければ、地球の集合意識が教えてくれます。これが、ボルテックスとして地球のエネルギーグリッドにつながるということの意味です。

二極の判断をしないで、愛であるあなた自身が「何者でありたいか」という、未来の自分の在り方を意図的に選択して、実際にそのように行動することで、自分の周りに見えるオセロの黒いコマを、全部一度に、白にひっくり返すことができます。簡単にいうと、そういう対応ができる人が、「次世代の統合意識」を構築した人だということです。

望ましい意識の「在り方」についての詳しいことは、第五フェーズの「意識のクリーニング」や、第八フェーズの「ハイヤーセルフとの共同創造」をご参照ください。

地球のボルテックスのネットワーク構築には、太古からシリウスが主に関わっています。このボルテックス・ネットワークは、人類が多次元宇宙と情報交流することを遮断している（次元上昇を阻止している）ネガティブ領域のエネルギー網を溶解させることにも重要な役割を果たします。個々のスターシードやワンダラーの配置も、ボルテックス・ネットワークと密接に関係しています。現在、4次元幽界の消滅に向けて、地獄領域の魂の救済のために、霊界に帰る霊的な道である、光の柱を各地に立てているライトワーカーの方々がいます。この活動は、同時に、新たなボルテックスネットワークを設置することにもなっていると思われます。

日本の集合意識が世界を洗練させる

地球は、銀河系の縮図となっています。そして、日本が世界の縮図となっています。地球領域では、古代から核戦争が行われており、これは、他の惑星及び銀河系で行われたエネルギーを引き継いだ現象です。

日本は、世界の大陸の縮図となっているため、過去に二度、核エネルギーを必然的に受容しています。広島は、古代中東圏での核戦争エネルギー、長崎は、古代サハラ圏での核戦争エネルギーに対応しています。

それぞれ、過去に最も強力だった地域の核エネルギー及びカルマエネルギーを「受容」することによって溶解させています。言い換えると、過去の惑星、銀河系で刻印されていた全ての核戦争エネルギー（エネルギーの誤使用）及びカルマのエネルギーを、地球・銀河系の縮図である日本が受容することによって、宇宙のエネルギーベクトルを反転させる必要があったことにより現象化したものです。

日本の領域は、他の国々と異なり、過去領域に存在していた核戦争エネルギーを溶解した後、統合遺伝子が働き、「和合」のエネルギーを維持しています。日本の集合意識には、宇宙を創始させるエネルギーが含まれており、このエネルギーが、諸外国の集合意識を洗練させることになっています。日本のこの集合意識が、今後の銀河の雛形《ひながた》となります。

ところで、憲法9条は、人類の魁《さきがけ》的な指針であるエネルギーを刻印しています。現在行われている憲法改正の議論は、人類の魁的な日本のエネルギーを破壊したい意識（イルミナティなどのネガティブ存在）と、次世代領域に継承させたい意識（太陽意識、地球の神々）のせめぎ合いであり、既存のエネルギーに、ネガティブ存在が介入することで、異質のものを統合させる新たなエネルギーが創造されるシナリオになっています。

日本のスターシードは、基本的に、統合意識をＤＮＡに持っているので、異なる意識レベルの波動であっても、本来は寛大に受容することができます。日本の意識領域と環境領域は、根本的に、他の国と周波数（エネルギーの質）が違っているので、他の国で行われているような、大きな宗教的な争いや暴動は起こらず、客観的なホログラムとしてしか存在していません。

なお、地球は、高次領域でシリウスが中心となって、銀河ネットワークが構築されていますが、中でも日本は、特殊なネットワークが形成され、厳重に保護されていて、地球のネットワーク修正は、全て日本列島で行えるように設定されています。

日本列島の主要な岬・山・神社・寺などは、各々三角形や六角形のラインで結ばれていて、高次エネルギーで接続されています。そして、主要ポイントは、銀河系の惑星及び星団とも幾何学配列で対応させてあります。

統合のメタファー

最後に、すでに始まっている、地球人の集合意識の上昇に関して、日々の生活を通して波動調整をしている当事者として、これは外せないという重要ポイントについて、寓話的な話をしたいと思います。

悪魔ルシファーと、大天使ミカエルの話は、プレアデス人がオリオン戦争について語る時の、アーキタイプのメタファーとしてよく使われます。リサ・ロイヤルの未来世である、プレアデス人のサーシャによれば、一部は真実であり、一部は譬《たと》え話です。二人は、二極性を促した、アーキタイプな意識、戦いそのものを表しているということです。

『プロジェクト エデン』には、もう一人の人物が登場します。統合のメタファーともいうべき存在です。彼は、大マゼラン星雲にある、ベーエルダという惑星から、数千万人の、人類の肉体祖先を地球に連れてきた、宇宙船の司令官です。その名をエル・ランティと言います。

彼は、ルシファーを、戦争犯罪人として地球に連れてきた責任者でした。この物語の中で、彼が一体何をしたと描かれているのかが、統合を考えるヒントになります。

彼は、地球にやって来る前に、戦いの両当事者であった、ルシとミカを、彼の実の息子、双子の兄弟として転生させます。

彼は、この二人を、分け隔てなく、手塩にかけて育てました。ベーエルダから地球に来るにあたり、ルシに親子の愛情を知ってもらうために、共に家族として転生して、ルシが一からやり直すための手助けをしたのです。

ルシは、地球に来てからしばらくの間は、地球環境や、人類の創造に活躍しました。その功績から七大天使の「エル」の称号を得ました。

当初は、地球人の魂は、意識レベルが高く、地上も天国的だったので、最初の二回の転生では、ルシは無事に霊界に帰れたのですが、2億年前にペガサスからやってきた魂の中には、意識レベルの低い存在が混じっていました。

彼らの死後、低位霊界ができ、ルシが三度目に地上に転生したとき、その悪の匂いを嗅いで、ルシの潜在意識の中に眠っていた凶暴性が目を覚ましました。この時の名が「サタン」でした。

実は、ルシが地獄に落ちる前、まだ天使として先生をやっていたときに、天界で、ルシの弟子だった時の記憶がある人物がいます。Tさんという50代の男性です。

Tさんによれば、ルシは、とても思慮深く、思いやりのある、老師のような人物だったそうです。Tさんは、優しくていい先生だった頃のルシを考えると、どうしても彼を悪人だと切り捨てることはできないと言います。「エル・ランティは、ミカとルシを、2億年もの間、手塩にかけて育てた。その時間は決して無駄ではなかったはずだ」と言います。

Tさんは、実際にルシファーと過ごした記憶を持っていますが、神話のアーキタイプとして考えてみると、ミカエル、ルシファー、エル・ランティは、善悪の二極と、その統合を意味します。

エル・ランティは、宇宙中から忌み嫌われた戦争犯罪人であっても、彼を裁いて、その存在を抹殺することはしませんでした。ルシファーも神の個性の一部であり、かけがえのない魂だと、彼の神の子の本性を信じたわけです。

彼を引き受ける惑星は宇宙のどこにもありませんでしたが、唯一地球だけが、受け入れてくれました。

彼は、ルシと共に地球にやってきて、ルシを、自分の子供として、精一杯の愛情を注いで育てました。残念なことに、ルシは地球の低位霊界に落ちてしまいましたが、7次元以上の、地球の高位霊界にいる天使たちは、みんな、ルシファーが、本来の神性に目覚めて、地獄に落ちる前の素晴らしい状態に戻ることを待ち続けているというのです。

闇であるルシファーと、光であるミカエルの対立を統合する存在がエル・ランティで、その姿は、無限の赦しを体現しています。それが神の在り方です。

この物語は、全てを赦して、ありのままを受け入れている神の思いに、私たちが倣うことができるかどうかを問いかけているように思います。

アセンションの鍵

イルミナティなどのネガティブ存在は、地球人である私たちの、ルシファー的な部分を表現しています。

彼らのような、鬱陶《うっとう》しい存在がなぜ地球にいるのかといえば、地球人の魂の足腰を鍛えるために必要だからだと考えられます。

彼らは、神と離れているので、私たちのように、実在する愛のエネルギーを表現して、人生を創造することができません。そこで、生命のない、形だけの世界を創造しようとします。彼らが自分の存在の意味を感じることができるのは、人をお金や暴力で強制して、支配した時です。

彼らは、自分たちが少数で、無力であることを知っているので、常に支配する対象者の数を減らそうとし、新たな効率的なコントロールの仕組みを考え出そうとします。

そもそもの原因は、彼らの意識が「神から離れていること」にあります。

神と離れているから、互いに分離しているという幻想が出ます。分離しているから、不足の思いが出ます。不足しているから、何かが必要だという思いが出ます。必要性があるから、存在するためには、ありのままではいけない、何かをしないといけないという思いが出ます。しなければいけないことができないと、罪の思いが出ます。罪があると思うから、罰が必要だと思います。誰かを罰することで、優れたものと劣ったものが生じます。優れたものが勝ち残り、劣ったものは全てを失うことになるという、弱肉強食の世界が現れます。第三密度では、精神がこのような幻想に縛られていますが、その大元には、「神から離れている」という誤解があります。

彼らに、「あなたの中に神がいるよ」「みんな一つで、分かれていないよ」ということを、実感してもらわなければなりません。

そのためにすべきことは、彼らの「神性」を信じて、彼らと対話をして、彼らに、みんな神から分かれた同じ神の子だと伝え続けることです。このことをスピリチュアルでは、「キリストの心眼《ビジョン》」と言います。物理的、精神的に、邪悪なことをしている存在でも、その心の深い部分、存在の奥には、神の性質が眠っていることを信じて、「本当の相手」を霊的な目で見るようにするのです。

別の言葉で言えば、自分に悪意で害を与える相手でも、無限に信じ続け、無限に赦すということです。相手を裁いて、排除するのではなく、異質な相手を理解し、包みこみ、自分が、その存在を育む母性的な土壌となることです。

それを言うことは簡単でも、実際に行うのは極めて難しいことです。

しかし、それぞれの立場と、魂の器に応じて、「赦し」が必要となる状況は起きてきます。

例えば、過去世で殺し合いをしたような仇敵と、あえて逃れられない関係である肉親として生まれて、「赦し」を体験しようと計画して生まれる魂もいます。その時、地上でその状況にどう向き合うかは、それぞれの自由です。

ただ、その時に、「これは、地球人が、全宇宙的な二極性の問題を乗り越えるために起きている」という視点も、頭の隅に置いていただきたいのです。

マクロコスモスとミクロコスモスは相似形です。オーム宇宙自身の課題が、あなたという個人のレベルで表現されており、あなたの出す思いが、宇宙の未来に影響を与えています。

光一元の神々の仲間として

日本人とアメリカ人を、共通に指導しているのは天御中主神という、光一元の神です。

光一元とは、存在の全てに、光である実相（神のエッセンス）だけを見て、悪を見ないという考え方です。これは「キリストの心眼」と同じ見方です。

今、アメリカでは、リベラルの進歩的な施策として、犯罪者を更生させるために、少額の犯罪は罪に問わないことにしたり、LGBTへの配慮から、性別を自分で選べるようにしたりしています。ネガティブな勢力がコントロールの手段として使っているようです。

犯罪者を赦すことや、性別による差別をなくすことは、高い理念としては一見素晴らしいことのように見えます。しかし、問題は、崇高な理念に、崇高な心が伴っていないことです。何事も原因と結果です。人々が、光一元で、犯罪者の中に「神性」を見る社会なら、どのようなシステムでもうまくいくでしょう。そうでなければ、どのようにシステムを変えても、混乱が起こるだけです。

アメリカ人には、根深い人種差別の意識があります。この問題はアトランティス時代に遡ります。アトランティス文明では、多くのキメラが存在し、差別を受けました。その時に、差別をした側の魂が、今度は差別される側になってアメリカに生まれました。

子供の頃に、大人から差別意識を自然に刷り込まれた白人は、無自覚のうちに、差別的な発言をしてしまうことがあります。そして、有色人種の側は、それに過剰に反応して、差別発言をした人を、攻撃的に批判します。憎しみの連鎖をどこかで断ち切らなければなりません。

先日、日本人の野球選手に対して、人種差別的な発言をした野球解説者がバッシングを受けた事件がありました。その選手は、日本人らしく「自分は何とも思っていない」と相手の非を咎めませんでした。

「赦す」というのは、自分が相手を裁いていないまでも、「相手の発言は裁かれるべきだ」という意識があるから「赦す」わけです。一神教の教えであるキリスト教には、まだ分離意識が残っているのです。

この点、大自然や八百万の神と渾然一体となった日本人は、そもそも相手の悪を見ません。日本人の血の中に流れている統合の遺伝子がなせる業です。

「赦し」や「受容」を意識することすら本来は必要ないのです。幻想である相手の形を見ずに、高次元の心の眼で、相手の神性だけを見ようとするなら、結果はよくなるでしょう。

身近な人への「赦し」もそうです。形だけ祈ればいいのではありません。どれだけ相手のために良かれと思う思いを出せたかが大事なのです。

生きることの全てがそうです。日々出会う出来事に、どれだけ誠実に向き合って、愛の思いを込めることができたかということです。

どんなにお金を儲けても、大きな家を建てても、大事業を起こしても、死ぬ時に持って帰れるのは、どのように生きたかという記憶だけです。自分は、愛深く生きることができたのか。最期に思うのはこのことです。

自分の居場所で、愛を実践することが、地球のために貢献していることになります。地球のアセンションは結果であって、目的ではありません。

どれだけ愛深く生きることができたか。それがあなたの悟りです。日々努力すれば、結果はついてくると信じます。

人類にとって、すでにアセンションが視野に入ったというのは、この知識が、誰でも共有できる時代になったからです。

あなたの心の王国を支配するのは、他でもないあなた自身です。誰もが、自分が創る宇宙の王様なのです。

（了）

王の言葉⑩

無限に赦せ

おひるね
すやすや
ウ
ビクッ
ころ
ころん
ぐー。ぐー。

あとがき

宇宙の王様はいかがでしたでしょうか。

この本には、地球のアセンションを成功させるすべてを盛り込みました。

次世代の地球人の神話、意識をクリーニングする方法、ハイヤーセルフと共同創造する方法をはじめ、視野を宇宙大に広げ、本当の自分を創造する知恵が満載です。

この本を読めば、あなたも今日からスターシードです。

最終章では、私たちの「愛の温度」が上昇することで起きる、意識のドミノ倒しに触れました。

スピリチュアル界隈では、宇宙人とのコンタクトが始まるのは、地球に「愛と平和」のユートピア社会が実現された後であると言われています。

現時点では、地球は未だ「愛と平和」には程遠い状態です。宇宙軍を作って、宇宙兵器でＵＦＯを攻撃しようなどという議論がされている状態で、宇宙人が姿を現すことはありえません。スピリチュアル系で「アセンション」に関心のある人なら、みんなそう思っているのではないでしょうか。

一方で、都市伝説界隈では、「アセンション」への興味関心から、早々と、宇宙人とのファーストコンタクトや、その後のステップはどんな風に行われるのか、とか、「こうあってほしい」という願望ないし楽しい妄想が先行して、さまざまな情報が飛び交っています。他ならない私自身が、その発信源の一人なのですが。

情報の領域や粒度に差はありますが、これから起こると噂されていることを、簡単にまとめてみましょう。

【テクノロジー】

○通貨制度や国際金融システムが抜本的に変わる。
○イーロン・マスクのスターリンクの量子 WiFi ネットワーク（電磁波を使わない安全な WiFi）がスタートする。
○ニコラ・テスラのフリーエネルギーやメドベッドの技術が現れる。これらは木星協定に参加した大企業によって大量生産される。

○クリスタルのテクノロジーが科学として受け入れられるようになる。新たな医療技術が公開される。反重力装置を使った車が登場する。

【UFO】

○TR―3B（黒くて三角形をしている地球製のUFO）や、宇宙船のリバースエンジニアリングによって開発された技術が共有される。

○宇宙人やUFOについて、人々が頻繁に見たり聞いたりするようになり、ネガティブな情報がなくなり、ポジティブな印象を持ち始める。

【宇宙人とのコンタクト】

○ウクライナのオレシキーサンズ国立自然公園の、宇宙船アークから始まり、順次、世界中のアーク（地中に隠された、地球外文明の宇宙船）が空高く舞い上がって、人々が驚愕する！

○セロシ族とメトン族などの、人間に似た種族から順に、宇宙種族が銀河連合によって紹介されていく。銀河間連合のシーダーズもやってきて、人類と再会したことを喜び、ハグをする。

【地球の自然】

○物質波動の上昇に伴い、地底人たちが地上に現れて、地球の再建を手伝いはじめる。

○「生命の木」や「火を吹くツタ」などの、アーク内の珍しい植物の種子が植えられる。

○銀河連合から、地球上の絶滅した動植物を復活させるDNAをプレゼントされる（ドーム型の宇宙船に保管されているらしい・・・）

○アヌンナキの巨人たちが、地球人に、アーク内部のテクノロジーの使い方を教えはじめる。

【ライフスタイル】

○銀河連合の協力で、地球のテラフォームの作業がはじまる。海や空気の汚染は、一瞬で消える。自然の中に新しい都市が建設される。

○人類は、火星や月や、さまざまな星に旅行したり、移住するようになる。
○人類は、銀河連合のメンバーとなる。

いかがでしょう。とても楽しみで、ワクワクしますね！

さて、私自身は、こうした未来情報を、一つの「希望の原理」ないしエンターテインメントとして発信しています。

もしあなたが、アセンションは、自分とは関係のない、どこか遠くで起こっているイベントだと考えているなら、事実の半分しか捉えていません。

実際には、すべての地球人が、潜在意識のレベルで日々考えていることや、生活の中で行っていることが、人類の未来を創造しています。ざっくりいうと、ほとんどの人が、このことに無自覚であることが、今の地球の問題なのです。つまり、アセンションは、私たちの思いと行いの結果です。

初めにそのことに気がついた人が、自分の思いと行いを「愛と平和」の方向に切り替えることで、地球に「愛と平和」の未来がやってきます。

逆に、この本を、スピリチュアルな興味だけで読んでしまい、もしあなたの生活が何も変わらないのであれば、地球の未来も変わらないということです。

「自分は、新しい地球人として、地球の未来を創造するのだ」という希望を持って、この本を読んでいただければ、きっといろいろな気づきがあると信じます。

この本を読むことで、しっかりしたスピリチュアルの基礎知識を身につけることができます。間違った情報に惑わされない免疫力もつきます。それは、都市伝説系の情報を、より深い洞察力をもって楽しむことにもつながると思います。

そういう観点からも、この本を活用していただければと思っています。

ジョウスター

「宇宙の王様」発刊記念

JOSTARが選んだ

パワーストーン ブレスレットコレクション

「宇宙の王様」ブレスは
青林堂の
サイトから
注文してね！

青林堂販売サイト

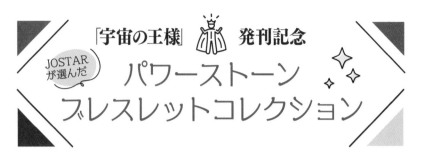

ジョウ☆スター presents

宇宙の王様ブレス

SR

今回だけの特別企画

「宇宙の王様」読者のために、特別にデザインされたブレスです。このページでご紹介している宇宙の王様ブレス（SR1、SR2）は、青林堂ショップでお求めください。

ギフトを分かち合う

神から与えられた自分のギフト（唯一無二の才能）を発見し、求める人にその力を惜しみなく与えることで、内なる無限の豊かさの水脈とつながり、愛と感謝のエネルギー循環の中心（ボルテックス）として光輝く在り方をサポートします。

「宇宙の王様」読者限定ブレス

SR1 PREMIUM MODEL

限定 10 個

希少な石を使った、シリウス系スターシードにふさわしい、洗練されたデザインのブレス。

シリウスアイオライト / ギベオン（ブルーカラー）/ アゼツライト（アゾゼオ活性化）※証明書付き / 水晶(JOSTAR ロゴ付き)

アゾゼオ活性化証明書

JOSTARロゴ付き水晶

SR2 STANDARD MODEL

限定 100 個

宇宙の金庫をモチーフにした、華麗なデザインのブレス。無限の豊かさを引き寄せるお手伝い。

セラフィナイト / ギベオン(ゴールド or ピンクゴールド) / アメジスト / コスモオーラクリスタル / アクアオーラクリスタル / オーロラクリスタル / シトリン / 水晶（龍彫石）/ 水晶（JOSTARロゴ付き）

渋谷エンジェルストーン presents

スターシード覚醒ブレス

ピンポイントでボルテックスのパワーを強化！

AS

地球のアセンションを支援

このページでご紹介しているスターシード覚醒ブレス（AS1～AS4）は、エンジェルストーン店頭またはオンラインショップでお求めください。

AS1 ピンクオーラを開放する

第四チャクラ：愛である自分を表現する

自分を肉体(物質）でなく神の体である愛のエネルギーとして体感することで、愛の波動の世界に、量子的に飛躍します。ハートの深い部分から溢れ出る「無条件の愛」に気づくサポートをします。

AS2 サードアイを開く

第六チャクラ：優しい知性を開拓する

自分の立場や主義主張、社会通念、思い込みなどで判断することなく、ありのままを観察して、真実を理解できる優しい知性の開発をサポートします。

※いずれも限定数商品となります

スターシードは、次世代の地球人の見本となる存在です。「宇宙の王様」を読み、新しい地球人として、地球の未来を創造する決意をした貴方に、地球の神々からのプレゼントがあります。今の地球に最も必要な、5つの波動を体現するためにデザインされた、特別なブレス。石の精霊は、地球のアセンションに貢献することを望み、鉱物界から人間を支援することを約束しています。彼らの惜しみないサポートを受け取ってください。

パワーストーンは、地球の体を調整する腺です。人間が意識を持ち、肉体やエーテル体が、地球から素材を借りているように、石にも意識があり、地球の霊体の一部としての固有のエネルギーを持ちます。石は人間の思いをテレパシーで感じ取り、石自身の自己表現として、自らの役割を果たそうと、持ち主のエネルギーに働きかけます。個性あるパワーストーンが組みあわされて、一本のブレスとなったとき、ブレスとしての新たな使命が宿り、自覚あるエネルギー体が生まれます。

石はモノじゃないんだよ

パワーストーンの秘密

宇宙的な使命を持ったブレスには、霊格の高い、力のある石を選ぶ必要があります。石の霊格と価格に関係はありません。希少な石を使えば値段は高くなりますが、安い石でも、力のある石があります。また同じ種類の石であっても、石ごとに力は違います。ブレスのコンセプト自体に含まれる意識のレベルや、精霊界の協力体制、地上でデザインを受け取るミディアム（霊媒）の能力、そのブレスの制作・流通の仕事に携わる関係者が意識をどれだけ高い世界に合わせているかなどによっても、ブレスの品質が変わってきます。

AS3 ハイヤーセルフと融合する

第七チャクラ：神性のままに生きる

内なる神性の声に従い、ハイヤーセルフの導きである魂のうずきをもとに、思考、言葉、行動を一致させ、自分の本心に正直に誠実に生きる在り方をサポートします。

AS4 ワンネスを生きる

第八チャクラ：共同体や世界に貢献する

直感に基づき、意図的に選択し、「今ここ」に集中して、愛を具現化し、全体への責任を担い、共同体や世界に貢献する在り方をサポートします。

※いずれも限定数商品となります

ブレスレットを使いこなす

地球とともに生きよう！

ブレスレットは、地球の体を調整する役割を持つ、生きた霊的エネルギー装置です。進化した星では、人間は、全生命の集合体である惑星をケアする表面意識として存在しています。ブレスレットと共に、自分の使命を生きることが、そのまま、地球と、全ての動植物を癒すことにつながります。アセンションとは、自分の存在が地球と一つであることを深く自覚し、地上に生きるすべての生命を癒すために働き始めることでもあります。

JOSTAR（ジョウ☆スター）

YouTuber、音楽・映像プロデューサー。YouTubeのコンサルテーションも行う。東京都出身。アメリカ人の父親と日本人の母親のもとに生まれる。吉祥寺で育ち、学生時代はバンド活動に明け暮れる。「好きなことで生きていく」というYouTubeのCMのコピーに影響を受け、2016年からソロチャンネルを始動。現在は多くのチャンネルを運営している。仲間たちと出演する映画、「東京怪物大作戦』をプロデュース。YouTubeでは、日々世界中で起きるニュースを読み解くライブを配信中。セントラルサンとシリウス系のスターシード。テクノロジー系楽曲の作曲や弦楽器演奏もする宇宙系ハイブリッドアーティスト。並の人間でない強靭な声帯を持ち、YouTubeやTikTokなどの配信を毎日10本以上、365日休まずこなすことから、地球外生命体の王様の魂が地球に転生してきたのではという噂も。本書の発刊に合わせてavexから『スターゲイザー』という楽曲と新作アルバム『GALAXY STARZ』を発表。自身の楽曲を聴くことで、意識の次元をあげてほしいという思いで日々活動している。

宇宙の王様

令和6年3月6日　初版発行

著者　JOSTAR
発行人　蟹江幹彦
発行所　株式会社青林堂
〒150-0002　東京都渋谷区渋谷3－7－6
電話　03－5468－7769

装幀　TSTJ.inc
印刷所　中央精版印刷株式会社
Printed in Japan

ISBN978-4-7926-0758-6